选贤

《资治通鉴》中的用人得失

吴鹏　著

党建读物出版社

前言

习近平总书记指出，中国历史上凡是有作为的政治家都非常重视人才问题，在选人用人方面留下了很多可取的思想和经验。《资治通鉴》以“鉴于往事，有资于治道”为主旨，蕴含着丰富的选贤任能思想。习近平总书记曾多次引用其中的经典论断，如“为治之要，莫先于用人”“治本在得人，得人在审举，审举在核真”等，用以强调选官用人对治国理政的重要性。因此，《资治通鉴》在一定程度上也可以说是“用人通鉴”。

本书对《资治通鉴》中的选官用人史料进行提炼和解读，选取最能反映《资治通鉴》所载用人经验教训的经典案例，内容既涵盖知人善任、选贤任能，才兼文武、德才兼备，敬贤敬能、礼贤下士，访求俊彦、唯贤是举，人尽其才、才尽其用，避其所短、用其所长，勤于教养、百年树人等用人思想；也包括战国七雄、汉高祖、汉文帝、汉武帝、汉宣帝、光武帝、刘备、诸葛亮、曹操、孙权、唐太宗、武则天、唐玄宗等的用人策略；亦涉及“大小之官，悉于吏部”等用人制度，以及如何顶住“打招呼”歪风、如何平衡资历与能力等选贤难题，并将这些置于从战国秦汉到隋唐五代不同阶段的特殊历史背景和具体政治环境中考察，而非简单肯定或一概否定，从而管窥出古人在探索选贤任能这一治国理政首要命题时的艰辛与成就。

当我们把目光投向这些具体史实和真实案例时，会发现选官用人绝非“选贤任能”四个字那么简单，亦不是一句单纯的“亲贤臣，远小人”就能概括。历史既是复杂的，又是纯粹的。复杂在于不同时期均要面对不同的人事制约因素和具体用人环境，纯粹在于历史向前发展总要依靠贤臣能吏主观能动性的充分发挥；复杂决定了用人之道的多元多变，纯粹决定了用人之道的一以贯之。或许只有“用人是门艺术”这句话才能真正道出其中三昧。

司马迁言：“居今之世，志古之道，所以自镜也，未必尽同。”希望读者能跳出《资治通鉴》历史局限性，“择其善者而从之，其不善者而改之”，从中获取些许有益的启迪和思考。

目录

智瑶的才与赵无恤的德

韩赵魏三家分晋，是中国古代史上的重要事件，标志着春秋时代的结束，战国时代的开启。晋国实力最强的智氏家族，因用人失误导致满盘皆输；兵微将寡的赵氏家族，因用人有道促成化家为国。胜败之间，正是德才之辨。司马光以“三家分晋”作为《资治通鉴》开篇，有着特别的意义和考量，表达了他在选人用人方面的德才观。

智瑶之才　五项全能

春秋末期，智、韩、赵、魏四家贵族掌控晋国军政大权，其中以智氏家族最为强大。自西周起，嫡长子继承制已深入人心。智家主公智宣子准备立嫡子智瑶为继承人。血统纯正，是智宣子立储的标准。

智家元老智果提出反对意见，说：智瑶有五项才能在他人之上：一是玉树临风，英俊伟岸；二是善于骑射，武艺绝伦；三是才艺突出，全面发展；四是能言善辩，出口成章；五是意志坚定，做事果断。但在“德”上心胸狭窄，刻薄寡恩，无仁爱之心。没有道德仁爱的约束，毫无容人之量的智瑶就会用五项才能去欺凌别人，谁还能与他相处？如果智瑶掌权，智氏一定会亡家灭族。

智宣子对智果的话置若罔闻，决意立智瑶为太子。

无恤之德　好学志坚

在智宣子立智瑶为太子的同时，赵家主公赵简子也开始重新选拔太子，考察对象是原太子嫡子伯鲁和庶子无恤。

因伯鲁的嫡长子身份，赵简子早已立他为太子。但赵简子经过一段时间的观察，并征求其他人的意见，认为伯鲁能力有限。这时，无恤进入了赵简子的视野。无恤其母出身低微，是伯鲁母亲的婢女。为确保家族事业长盛不衰，赵简子决意不能再以血统出身论英雄。身份卑微但又好学有德的赵无恤，获得了与自带血统光环的兄长同台竞争的机会。

赵简子在两块木简上书写一段“训诫之辞”，分别交予伯鲁和无恤，并嘱咐他们一定日日诵读。三年后，赵简子询问二子对“训诫之辞”的学习心得。伯鲁张口结舌，一句都回答不上来，木简也早已丢掉。无恤对答如流，一字不差将“训诫之辞”全文背诵，并把木简从衣袖中拿出，以示木简不离身，训辞不离心。

在“训诫之辞”一事上，赵简子考察的主要是两个儿子的德行和耐性，无恤显然更胜一筹。他能在没有检查督促的情况下全心全意、善始善终去做事。但赵简子认为这还不够，无恤虽比伯鲁更有优势，但比起其他儿子呢？赵简子决定扩大考察范围，让所有儿子都参与太子的选拔。

赵简子召集儿子们并告诉他们：我在常山（今河北省阜平县东北一带）藏了宝玺和符命，找到有赏。儿子们把山搜了个遍，连宝玺和符命的影子都没见到。无恤回到家中后，说找到了宝玺符命。赵简子让他拿来过目，只见无恤挥手一指，说：代国（今河北省蔚县一带）一直是我们的心腹大患，从常山顺势而下，可以直取代国，这就是昭示赵家拓展未来发展空间的宝玺符命。

其实，赵简子并未在常山放宝玺符命。他让儿子们去常山，是考察他们在埋头争赏时能否胸怀天下，谋划赵家事业发展蓝图。显然，无恤的眼光更为长远，看问题更有全局观念。

通过这两件事，赵简子完成了对无恤的深度考察，改立无恤为太子。

赵简子选拔太子以德为先，考察道德素养，尤其是意志品性，不局限于一时一事，注重长期考验；观察能力才干，尤其是不拘常格的创造性思维和开拓性能力。正是凭借这种选人标准，赵简子在立太子问题上作出了正确选择。历史证明，赵无恤不负众望，在赵家事业面临生死存亡的紧迫关口，顶住了智瑶的巨大压力。

智瑶接掌晋国国政后，心胸狭隘、缺乏仁义的道德缺陷表现得淋漓尽致，先是在宴会上戏弄侮辱韩家主公韩康子及其家臣段规，后又试图抢占韩赵魏三家土地，四处结怨。在逼迫韩魏交出两个有万户人口的城池后，智瑶又要求赵家割地。无恤寸土不让，智瑶胁迫韩魏军队一同进攻赵家根据地晋阳（今山西省太原市一带）。战争中，智瑶水灌晋阳的不仁之举，引发韩魏强烈的唇亡齿寒危机感。无恤趁机秘密策反韩魏，并与之结盟。韩赵魏三家齐进，大败智家军，斩杀智瑶，屠灭智氏宗族，三分智家土地。

智瑶摒弃仁义道德，任意欺凌、肆意扩张，导致身死族灭，令人叹息。西汉刘安在《淮南子》中评论道，“智伯不行仁义而务广地，故亡其国”。也有人对史书上关于智瑶不仁不义、狂妄自大的记载提出质疑。智瑶死后，家臣豫让不惜自我毁容，也要寻机刺杀无恤，为主公报仇。明末思想家李贽据此在《史纲评要》中发出疑问，“智伯贤而不仁，乃能得国士，异哉！贤之与愚，其亡一国也，然而愚主断不能得国士矣”。对于无恤的“德”，当代人柏杨也提出了质疑，他在《现代语文版资治通鉴》中认为，“赵无恤的才干，毋庸置疑。但立刻从袖子里掏出竹简，却有点蹊跷。竹简是笨重之物，放在袖子里长达三年之久，天下岂有这种怪事。似乎只有一种可能，赵无恤在老爹身旁埋有暗探，早得到消息。只能证明他的狡狯，不能证明所预期的他一定能忍辱负重”。

赵无恤的德不是一时一事，而是一以贯之。晋水之战后，赵无恤彻底巩固了在赵家的主公地位，但他却没有立儿子当太子。赵无恤对当年被其取而代之的大哥伯鲁心存歉意，想把大位传给伯鲁的儿子代成君，谁料代成君早早去世，赵无恤就改立代成君的儿子赵浣为太子。

到赵浣的儿子赵籍时，赵家终于和韩家、魏家一起受封诸侯，位列战国七雄之一。这就是《资治通鉴》开篇所叙第一件事：“初命晋大夫魏斯、赵籍、韩虔为诸侯。”

司马之思　艰难考量

司马光以韩赵魏三家分晋作为《资治通鉴》开篇，有着强烈的问题意识。他认为选人用人是关系家国兴衰、治乱成败的关键。智家之亡，赵家之兴，均系于用人。智家用人以才为先，选拔才胜德的智瑶为太子；赵家选人德才兼备、以德为先，改立德胜才的无恤当太子。兴亡之叹，实为德才之思。司马光言道：

智瑶之所以覆亡，在于他的才能胜过他的

臣光曰：智伯之亡也，才胜德也。夫才与

品德。才能和品德是两码子事，普通人很难辨识。看见一个人能干，就称赞他贤明，于是，常常看错了人。才能的内涵是“聪察强毅”（聪慧、明察、有魄力、坚毅不拔），品德的内涵是“正直中和”（公正、公平、不偏不倚、和平温柔）。才能是品德的基础，品德是才能的主宰。像云梦（今湖北省安陆市南）的竹子，最为坚韧；然而，如果不矫正它的弯曲，不刮平它的竹节，用来做箭，就射不穿坚硬的盔甲。棠谿（今河南省西平县西北）的黄金（铜），最为贵重；然而，如果不熔化、不锤炼，就不能产生强大的打击力量。才能和品德兼备，就是“圣人”；才能和品德全都没有，就是“愚人”；品

德异，而世俗莫之能辨，通谓之贤，此其所以失人也。夫聪察强毅之谓才，正直中和之谓德。才者，德之资也，德者，才之帅也。云梦之竹，天下之劲也；然而不矫揉，不羽括，则不能以入坚。棠溪之金，天下之利也；然而不镕范，不砥砺，则不能以击强。是故才德全尽谓之“圣人”，才德兼亡谓之“愚人”；德胜才谓之“君子”，才胜德谓之“小人”。凡取人之术，苟不得圣人、君子而与之，与其得小人，不若得愚人。何则？君子挟才以为善，小人挟才以为恶。挟才以为善者，善无不至矣；挟才以为恶者，恶亦无不至矣。愚者虽欲为不善，智不能周，力不能胜，譬如乳狗搏人，人得而制之。小人智足以遂其奸，勇足以决其暴，是虎而翼者也，其为害岂不多哉！夫德者人之所

严，而才者人之所爱；爱者易亲，严者易疏，是以察者多蔽于才而遗于德。自古昔以来，国之乱臣，家之败子，才有余而德不足，以至于颠覆者多矣，岂特智伯哉！故为国为家者苟能审于才德之分而知所先后，又何失人之足患哉！

——《资治通鉴》卷一

德胜过才能，就是“君子”；才能胜过品德，就是“小人”。任用一个人担当大事，假如物色不到“圣人”“君子”，那么，与其用“小人”，还不如用“愚人”。原因何在？“君子”把他的才能用到善行上，“小人”却把才能去干邪恶勾当。把才能用到有益于社会的工作，犹如锦上添花。把才能用于从事邪恶勾当，可是一种灾难。“愚人”虽然想干坏事，智慧既不够，力量也不足，好像初生的小狗，想要咬人，人只要一举手，就可把它制伏。而“小人”不然，智慧足可以发挥他的邪恶，能力足可以完成他的暴虐，简直是老虎生了翅膀，带给人们的祸患更为严重。“品德”使人尊敬，“才能”使人喜爱。尊敬的容易疏远，喜爱的却容易成为亲信心腹，所以很多掌握权柄的人，被有才能的人蒙蔽，而忘掉了有品德的人。自古以来，国家的乱臣奸佞，家族的败子浪子，因才能有余而品德不足，促成覆亡的例证，多得不胜枚举，岂止智瑶一人而已。在此，我特别指出，为政者假如能真正了解才能和品德的区别，知道选择的先后，便不致重蹈覆辙。

德才兼备是选人的最佳理想模式，但古代现实中兼备之人经常可遇而不可求。朱元璋曾感叹，“大抵人有才能者，不失于贪鄙则失于骄蹇”。在这种情况下，“德”与“才”孰先孰后、孰轻孰重，就成为选人用人时的矛盾纠结。在“德”“才”之间如何考量、如何选择，决定着事业的成败、家国的兴衰。

司马光指出，“德”是“才”的统帅，“才”是“德”的资助。依据“德”“才”有无、大小，可以把人分成四类：德才兼备是圣人，无德无才是愚人，德大才小是君子，才大德小是小人。四类人中，首用圣人，次者君子。在愚人与小人之间，宁可用愚人，也不用小人。小人仗恃能力超群，做坏事时会肆无忌惮，破坏性更强；愚人由于能力不足，即使作恶后果也不会很严重。

司马光“德才”之辨的用人观点有着深刻的借鉴意义，特别是他对“德”的强调，为后世选官确立了重要标准。然而，圣人、君子、愚人、小人四个等次无法将复杂的人性全部囊括进去，不同的客观形势、对“德”“才”的要求考量有显著差别，时人与后人对此观点亦有非议。

和司马光同时代的欧阳修就有不同观点。他在《论包拯除三司使上书》一文中认为，选用军队武将应以“材能”即“才”为先，选用朝廷文臣应以“名节”即“德”为先。军队以打赢为目标，武将有德无才，不能提高战斗力；朝廷以教化为宗旨，文臣有才无德，不能砥砺士风、醇化风俗。

南宋理学集大成者朱熹虽承认司马光德才之辨并无不是之处，但亦对其片面强调德、轻视才颇有微词。他在《朱子语类》中指出，才有好才，德有昏德，不能一概而论。“德”是内在约束，“才”是外在事功。如果一事无成，那“德”又有何用，如何体现？他认为，无才之“德”很难定义为“德”，就算强行称之为“德”，便也只是“昏德”，是无用之“德”。

朱熹也不同意司马光仅将“聪明”定为才的观点。有学生就司马光“聪明（察）强毅之谓才”一语请教朱熹，认为“聪明”只是才，不是德。朱熹直接驳斥司马光此语“有病”不足为训，历代都评价尧舜“聪明”，难道仅仅是说他们才高而已？如果有人不聪明，那他如何培养德行，引领风尚呢？

> 温公（司马光）论才德处未尽，如此，则才都是不好底物矣。
>
> 温公之言非不是，但语脉有病耳。才如何全做不好？人有刚明果决之才，此自最好。德，亦有所谓“昏德”。若块然无能为，亦何取于德！德是得诸己，才是所能为。若以才、德兼全为圣人，却是圣人又夹杂个好不好也。
>
> 温公之言便是有病。尧舜皆曰“聪明”，又曰“钦明”，又曰“文明”，岂可只谓之才！如今人不聪明，便将何者唤做德也？
>
> ——《朱子语类》

司马光对德才的表述，也有将本为一体的德才强行分离分立之嫌。对司马光德才之辨批评最为激烈的当属当代学者柏杨，他在《现代语文版资治通鉴》中认为司马光“对才能和品德的界说，似是而非”，认为强毅“固是才能，也是品德”，公正“固是品德，也是才能”。

即使是司马光本人，对德才关系的认识也不断变化。在编撰《资治通鉴》之前，司马光曾著有《才德论》一文，主张在才德上因时制宜。创业之时要以才为主，否则无法成功；守成之时方以德为先，否则不能长久。司马光在其《论举选状》中亦提出取士之道，应以德行为先，然后依次考察经术、政事、艺能，而不是简单地对才大德小之人弃之不用。

司马光的德才论发展为后来的德才两分法，完全以德为依据，将人分为君子与小人，强调完全摒弃才大德小的小人，与王安石变法有深度关联。

据宋人马永卿所著笔记史料《元城语录》记载，王安石推行新法时，遇到保守派很大的阻力，就在选人标准上有所放松，一些才大德薄的小人混进变法派。司马光提醒王安石注意严把用人关，王安石却认为，起用有才小人只是权宜之计，是为破除变法阻力的不得已之事；等到改革成功，便可将小人驱逐出官员队伍，另换老成厚德之人主政。司马光批评王安石用人之法大为不妥，君子难进易退，小人则是易进难退；如若强行驱逐，必遭其报复，不如在选人源头就将小人摒除在候选官员之外。这是我们在分析司马光“德才观”理论时，必须注意到的具体政治背景。

（王安石言）：方法行之初，旧时人不肯向前，因用一切有才力者。候法行已成，即逐之，却用老成者守之。所谓智者行之，仁者守之。

（司马光言）：介甫误矣。君子难进易退，小人反是。若小人得路，岂可去也，必成仇敌，他日将悔之。

——《元城语录》

尽管当时和后世都有对司马光德才之辨的非议批驳，但司马光在《资治通鉴》开篇就确立以德统才、德才兼备用人根本原则是值得肯定的。近代曾国藩就曾在读书笔记中继承了司马光对圣人、愚人、君子、小人的划分观点，并进一步发挥，认为德与才不可只重其一点，二者实际上是一体的。德如水，

司马温公曰：“才德全尽，谓之圣人；才德兼亡，谓之愚人；德胜才谓之君子，才胜德谓之小人。”余谓德与才不可偏重。譬之于水，德在润下，才即其载物溉田之用；譬之于木，德在曲直，才即其舟楫栋梁之

才是水载物灌溉的功用；德如木，才是木造船架屋的功能。德是水的源头，才是水的波澜；德是木的深根，才是木的枝叶。有德无才是愚人，有才无德为小人。在德才不可兼得的情况下，与其做无德之小人，不如成无才之愚人。

在树立以德统才、德才兼备用人导向的大前提下，如何更精准地识别“德”，更精确地衡量“才”，就成为选官用人具体制度层面必须解决的问题。

用。德若水之源，才即其波澜；德若木之根，才即其枝叶。德而无才以辅之，则近于愚人；才而无德以主之，则近于小人。世人多不甘以愚人自居，故自命每愿为有才者；世人多不欲与小人为缘，故观人每好取有德者，大较然也。二者既不可兼，与其无德而近于小人，毋宁无才而近于愚人。自修之方，观人之术，皆以此为衡可矣。

——《曾国藩文集·笔记十二篇》

苟变、陈平的小过与大才

司马光在《资治通鉴》开篇即强调德才之分，要求以德帅才，德先才后。但自古以来，德才兼备的圣人就十分稀少。人非圣贤，孰能无过。韩赵魏三家分晋开启战国时代不久，司马光在《资治通鉴》中写下了卫国的一次用人抉择。

匠人用木　取长弃短

卫国在春秋时期实力较强，但进入战国时代后国势日衰，亟须广泛吸收各类人才尤其是精兵强将巩固国防。周安王二十五年（公元前 377 年），孔子的嫡孙子思向卫国国君慎公推荐苟变担任大将，说：苟变军事才能突出，至少能指挥 500 乘战车、约 3.5 万人左右的大兵团作战。春秋时期和战国初期，各国军队还没有后来动辄几十万人的规模，大国军队一般战车 1000 乘，即“千乘之国”。卫国作为小国，总兵力估计 500 乘左右。因此，子思给卫侯推荐的苟变，可以指挥卫国全部武装力量。

慎公不以为然，说：寡人知道苟变能打大仗，但听说他人品不行。他在基层当小吏的时候，有次借收税之机吃了百姓两个鸡蛋，道德有瑕疵，不能重用。

子思劝慎公说：“用人是门艺术，犹如木匠挑选木材，要取其所长，弃其所短。在一片森林之中找到一棵数人都抱不过来的参天大树，不能因为中间长几个疤、有几尺朽木，就将其舍弃。当今天下大乱，群雄并起，卫国东有老牌列强齐国，西有刚刚崛起的韩赵魏三国，稍不留神就会被瓜分亡国。面对如此险恶的生存环境，正需赶紧收拢英雄豪杰，选拔大将帅才整军备战，不能因为两颗鸡蛋的小事，就将优秀将领废弃不用。”

> 夫圣人之官人，犹匠之用木也，取其所长，弃其所短。故杞梓连抱而有数尺之朽，良工不弃。今君处战国之世，选爪牙之士，而以二卵弃干城之将，此不可使闻于邻国也。
>
> ——《资治通鉴》卷一

经过子思的劝谏，慎公最终起用苟变。在苟变的整顿下，卫国国防得到极大巩固。卫国能够在战国时期极端严酷的环境中存续绵延，和苟变的功劳是分不开的。

在坚守以德为先的同时，用人之道亦在取长容短，因时制宜。苟变贪吃百姓两个鸡蛋固然不对，但瑕不掩瑜，明其短更要用其所长，且事有轻重缓急，非常之时必须行非常之道，用非常之人。卫国在强邻环伺的生存压力下，必须权衡利弊得失，不能因其曾经的小瑕疵而求全责备、弃之不用，否则就会因小失大。

一百七十年后，陈平也面临着苟变的困境；当年与项羽逐鹿天下的刘邦，也险些犯下慎公的毛病。

不拘小过　用人不疑

陈平素有宏图大志，虽自幼家贫，可依然手不释卷，志向不改。陈平一个很重要的特点是能够公平处理事务，这在他早年贫困之际就充分地表现了出来。他负责分割祭肉工作时，做到家家户户都是一样分量，父老们夸赞不已。陈平也当仁不让地说："使平得宰天下，亦如是肉矣。"意思是，我要是有机会治国理政，也会如分肉一样公正，让所有人都满意。司马迁在《史记》中言，"方其割肉俎上之时，其意固已远矣"。陈平此语，已展示出齐家治国平天下的远大志向。班固在《汉书》中亦言，"陈平之志，见于社下"。

秦末，起义烽火成燎原之势，陈平先是投奔家乡所在的魏国君主魏咎，因不受重用又投奔项羽。项羽让陈平参与谋议大事，但却不让他掌握实权。不久，陈平因受大将司马印叛变牵连，被迫脱离项羽投奔刘邦。经故旧魏无知推荐，刘邦任命陈平为都尉，令他监管军队、整肃纪律，可惩治违反军纪的一般士兵和中低级将领。

委任状发布后，周勃、灌婴等老将哗然，对刘邦说：陈平看着高高大大，美如冠玉，但是金玉其外、败絮其中。我们听说他道德品质有问题。此人本质上是一个投机分子，先从魏国跑到项羽处，又逃到我们这儿。而且陈平获得监管部队纪律的权力后，大肆贪污受贿，送钱多的提拔，送钱少的降职，带坏了军队风气。周勃、灌婴得出结论：陈平反复无常，是典型的两面人，不能用！

刘邦把陈平找来，陈平解释道：魏王对我言不听计不从；项羽重用的或是项家人，或是有裙带关系的亲戚朋友。我一腔热血、满腹智谋无处可用，才弃之而去。听说您能放手用人，有多大才华就给多大平台，我才投奔到您这儿。要说贪金，我陈平并不贪恋钱财。我离开项羽时，所受400两黄金赏赐一文不取全部归还。只不过我现在身无分文，第一个月的俸禄还没发下来，不收钱就无法生活！陈平仰天长叹：如果您觉得我为您制定的战略还能用，就请您赶快执行。要是您认为就是一堆废纸，那就扔了吧。我收的钱还没来得及花，请您查抄收归军库，放我回老家！

听完陈平的坦荡表白后，刘邦亲自向他道歉，并厚加赏赐，让他过上体面有尊严的生活。更关键的是，刘邦愈加信任陈平，提升陈平为护军中尉，将高级将领纳入其监察范围。陈平纵横捭阖，六出奇计，助力刘邦最终夺取天下。司马光对陈平有过高度评价，认为“汉得陈平而诛项籍……彼敌国之材臣，来为己用，进取之良资也”。

当然，陈平六出奇计，不仅是自身能力使然，更是刘邦积极创造条件，释放陈平能力的结果。刘邦为方便陈平施展对项羽的人才反间计，特批了黄金四万斤让他任意使用，从不对资金使用情况进行审查。刘邦这种用人不疑的态度，是对陈平最大的支持。正因如此，陈平才能尽其所能，为刘邦事业发展作出最大贡献。

对足智多谋的陈平，刘邦放手使用他的能力，多予资财，但轻赋实权。刘邦临终前说“陈平知（智）有余”，也隐隐然有“然忠不足”的潜台词，告诫吕后不能让陈平“独任”要职，必须要用忠诚厚重的王陵、周勃予以牵制。正如司马光所言，“凡才智之士，必得忠直之人从旁制之”，在对才智有余、德行不足的人才使用上，不能让他独当一面，需选用忠诚正直之士与之共事，进行牵制。

刘邦驾崩后，吕后专权。陈平联合周勃等老臣在吕后去世后果断发动政变，诛杀诸吕，拥立刘邦之子刘恒即汉文帝继位，稳定汉初政局。

文帝时期，陈平与周勃同朝为相。周勃为右丞相，陈平为地位较低的左丞相。有天上朝，文帝问周勃：朝廷每年大致要审理判决多少案件？周勃表示不了解情况。汉文帝穷追不舍，继续提问：朝廷一年能征收多少钱粮，财政状况如何？周勃还是一问三不知，惶恐不安，汗流浃背。文帝又转问陈平，陈平回道：这些问题陛下您得去问有关部门。汉文帝问：哪个有关部门？陈平说：陛下想了解刑狱情况，就去问司法部门长官廷尉；想知道朝廷财政收支状况，就去问财政部门长官治粟内史。汉文帝不悦：什么事都去问有关部门，那还要丞相干什么？

陈平赶紧向文帝解释丞相的职责：对上辅佐皇帝，使万物和谐有序；对下推行政令，使朝廷各个部门和社会各方面运转井井有条；对外镇抚四夷诸侯，为国家发展营造良好外部环境；对内造福百姓，凝聚人心。陈平认为，宰相最重要的职责是用人，让百官人岗匹配，各安其职，各得其宜。汉文帝听后连连称赞。

针对陈平关于丞相职责的论述，南宋思想家朱熹在《朱子语类》中认为深得为相之体，但不能只执一端，不能只会用人而不熟悉业务，会用人与懂业务并不矛盾，而是浑然一体。选对户部长官，国家钱粮赋税自然无虞；用对刑部长官，刑法工作定会公平公正。但丞相需要知道财政、户部工作的具体业务能力要求，才能选出最合适的人来行使职责。朱熹还以宋朝宰相韩琦为例，进一步发挥此观点。当年有人评价韩琦虽然政绩卓越远迈古今，但文采稍欠斐然。韩琦回道，我身为宰相，任用欧阳修为主管起草诏书的翰林学士，还需要自己亲笔写出妙笔生花好文章吗？朱熹认为，如果韩琦不懂文章好坏，怎能识得欧阳修之才，任用欧阳修为翰林学士？

明代史学家李贽对陈平推崇备至，他在《藏书·智谋名臣论》中认为，汉朝的兴起，更多离不开陈平的智谋，陈平不但有平定天下的功勋，而且有安定社稷的功绩。如若缺了陈平的智谋才干，即使汉朝有数十百个周昌、王陵诸人，也无济于事。李贽进而指出，有智谋的人未必正直，正直的人未必有智谋，在推崇正直之士的同时，不能废弃智谋之士，否则断不能挽狂澜于既倒，扶大厦之将倾。

> 士之有智谋者，未必正直。正直者，未必有智谋。世之贵正直久矣，余谓惟智谋之士不用，而后正直之臣见，节义之行始显耳。
>
> ——《藏书·智谋名臣论》

魏国高开低走与人才集聚流失

三晋大地，自古人才济济。战国初期，魏国凭借人才资源集聚一家独霸，百年后接连大败于齐秦楚三国，一蹶不振，在战国形势图上走出了一个经典的高开低走。魏国从盛到衰，其中的关键就是人才的集聚流失。

任用群才　变法称霸

魏国百年霸业的开创者魏文侯，一开始就把聚集人才提上重要议事日程，任用卜子夏、田子方为国师。卜子夏名列孔子门下七十二贤人，但有明显的经世致用和法家变革思想倾向；田子方是孔子再传弟子，但思想中有道家倾向。魏文侯任用此二人为国师，可见其儒法道并用的用人思想，这是对中国古代用人之道的一个重大启示。

魏文侯有次和田子方在宫里欣赏音乐，听到乐声不和谐，就对田子方说，左边的编钟声音有些高。文侯言语之间颇有些自负之意，田子方听后笑而不语，没有回应。魏文侯就问田子方：先生为何发笑？

田子方乘机拿音乐教导魏文侯治国用人的道理。他说：“君明乐官，不明乐音。”意思是，我听说国君只需管好负责音乐事务的乐官，不用具体了解音乐如何演奏，甚至代替乐官去指正乐声高低；“今君审于音，臣恐其聋于官也”，臣是怕您太了解音律，忽略了对乐官的管理。国君应该任用官员推动各项事业，而非直接插手具体事务。魏文侯听后表示深度认同。

朱熹曾在《朱子语类》中对此事点评道：“知音而不知人，则瞽者之职尔。知人，则音虽不知，而所谓乐者固无失也”。如果只明乐音而不知选人，就相当于眼睛失明之人，虽听觉灵敏，却茫然不见。如果懂得用人之道，就算不懂音乐好坏，也会选出能力高的乐官。

段干木是当时著名隐士，道德学问均为时代楷模。魏文侯每次经过他的住所，都要行“式礼”，即双手扶住车前的横木，同时俯首，以示尊重，向天下彰显了魏国求贤若渴、广纳贤才的胸怀。很快，四方贤士听说魏文侯尊贤重能，纷纷归附魏国。魏文侯择天下英才而用之，起用乐羊为大将攻打中山国，任用西门豹治理边防重镇邺城。

在众多人才中，魏文侯任用李悝变法图强的事迹，充分说明了人才对国家富强几近决定性作用。李悝变法的第一板斧，就砍向官员选任的世卿世禄制。李悝根据实际能力高低而非血缘贵贱选拔官员，打通人才上下层流通渠道，推动贵族政治向官僚政治转型，成为各国变法的参考样板和图纸蓝本，撬动了战国时期各诸侯国政治结构和社会阶层的变动。李悝变法是战国历史上的第一次，使魏国一跃成为战国初期最强大的国家。

除重用李悝外，魏文侯还任用魏成和狄族出身的翟璜参与治国理政。魏成和翟璜亦以引荐贤才为务，向魏文侯推荐了大量人才。吴起、西门豹、乐羊等人是翟璜推荐，卜子夏、田子方、段干木是魏成引荐。魏文侯要从魏成、翟璜二人中选拔一人任国相，就征求重臣李克的意见。他说，家贫思良妻，国乱思良相，你觉得魏成和翟璜谁更适合出任国相？

李克说，“卑不谋尊，疏不谋戚”，地位低微之人不适合决定尊贵之人的位置，关系疏远之人不适宜参与关系密切之人的人事安排。我的地位没有翟璜高，关系没有魏成和您近，在拜相这件事上没有意见。

魏文侯坚持要李克提出意见，不要有所回避。李克亦坚持不提出具体人选，只是委婉地和魏文侯商讨了选人用人的五条标准，即：一个人能不能用，能不能大用，就看他平时和什么人比较亲近；富裕起来后和什么人交往；当上高官后，会向国君推荐什么样的人；名位不显时会不干哪些事情；穷困潦倒时能否经受住诱惑，不取不义之财。用这五把尺子去衡量，您就知道该拜谁为国相了。

> 居视其所亲，富视其所与，达视其所举，穷视其所不为，贫视其所不取。
>
> ——《资治通鉴》卷一

魏文侯听罢，心领神会。李克刚走出宫门，就遇到了翟璜。翟璜问他推荐的是谁，李克说是魏成。翟璜脸色大变，说：“当国相，就是要会用大臣。大魏名将、西河郡守吴起是我推荐的；国君日夜牵挂邺城百姓，是我引荐西门豹治理邺城；国君要拿下中山国，是我举荐乐羊挂帅；打下中山无人可守，是我提出让先生您任职中山；国君的儿子没有名师辅导，还是我引荐屈侯鲋。就凭这点，我怎么比不上魏成？”

李克耐心为翟璜解释：“子言克于子之君者，岂将比周以求大官哉？”难道翟君您当初举荐我，就是为了让我在国君跟前为您说好话，让您更上一层楼吗？国君问我谁更适合当国相，我只能实事求是从事实出发，而不能以个人恩怨好恶为依据。魏成能拿出九成俸禄为国家招揽人才，仅留一成补贴家用；而且他举荐的卜子夏、田子方、段干木，“君皆师之”，国君尊为国师，参与决策；你推荐的吴起、西门豹，还有我等五人，“君皆臣之”，国君都任命为处理具体事务的大臣。就凭这点，您怎么比得上魏成！翟璜被李克一席话说得心服口服。

魏成在用人上比翟璜明显高出一筹，与魏文侯的耳提面命分不开。当初魏文侯特别尊崇田子方，君臣平起平坐，朋友相待，引起王室成员的嫉妒不满。据西汉刘向编纂的《新序》记载，魏文侯弟弟魏成曾进言，“田子方虽贤人，然而非有土之君也，君常与之齐礼，假有贤于子方者，君又何以加之？”田子方虽然贤能，但只是一介平民出身，王兄您以国君之尊和他平等相处，如果将来有比田子方还贤能的人，您又如何相待呢？

魏文侯批评魏成，“如子方者，非成所得议也”，田子方不是你所能评论的。田子方是仁人，“仁人也者，国之宝也；智士也者，国之器也；博通士者，国之尊也”，德行仁厚之人是国家重宝，才能出众之人是国家重器，博学通达之人是国家之尊。“故国有仁人，则群臣不争；国有智士，则无四邻诸侯之患；国有博通之士，则人主尊”。国家有仁人坐镇，群臣就不会争权夺利；国家有智士在朝，周边邻国就不敢轻举妄动；国家有博学通达之臣在位，政权就会得到稳固。魏成听后豁然醒悟，惭愧不已，主动要求闭门思过三日以示谢罪，从此也时时注意为国家引贤荐能。

因为魏文侯的亲自点拨，魏成和翟璜的用人思路有着明显的不同。魏成推荐的卜子夏、田子方、段干木，或协助魏文侯制定国家战略方向，或用自身道德品格风化人心，都是经邦济世的国师级别人物。而翟璜推荐的吴起、西门豹等人，是国家战略的具体执行者。但制定战略与具体执行，并没有实质意义上的高下不同。战略方向错误，执行再得力也无法扭转颓势；执行不力，战略再高明也只是空中楼阁，无法落地。魏文侯用人之道的英明之处就在于不偏重任何一方，任用群才，将战略制定者与战术执行者很好地统一在庙堂之上，在实现魏国繁荣富强的伟大事业中共同发挥作用。

魏文侯任用群才的重要意义不仅在于变法图强，而且产生了集聚效应，出现了战国历史上著名的文化学派——“西河学派”，促使文化中心从传统的黄河下游齐鲁之地，转移到了新生的黄河中游魏国西河地区（今陕西关中东部黄河沿岸一带）。魏国一举成为战国七雄中文化输出国和文化宗主国，对周边各国尤其是秦、楚、齐等国形成了强大的文化向心力，形成了魏国重用人才、人才向往魏国的良性循环。

可惜月满则亏、日中则昃，其他六国很快与魏国展开了人才争夺战。与此同时，魏国国内政治斗争激烈起来。在内外交困之中，魏国人才的流失出走几乎不可避免，名将吴起成为魏国人才库中被打开的第一个缺口。

逼走众贤　国破家亡

吴起原在鲁国当官，因受人嫉妒陷害，听说魏文侯善于用人就投奔到魏国。依仗魏文侯的信用，吴起在魏国干得风生水起，打得秦军不敢跨过函谷关一步。魏文侯去世后，魏武侯上位，着手调整国相。吴起对国相之位志在必得，孰料任命结果出来，却是政绩平平的田文。吴起和田文理论，比拼功劳，看谁更有资格当国相。

吴起一问：“将三军，使士卒乐死，敌国不敢谋，子孰与起？”带兵打仗，士兵闻战辄喜，各国都不敢对我魏国动非分之想，你田文比得上我吗？田文回道：“我不如你。”

吴起二问：“治百官，亲万民，实府库，子孰与起？”整顿吏治，安抚百姓，使国家府库充盈，你田文比得上我吗？田文回道：“我又是不如你。”

吴起三问：“守西河，秦兵不敢东乡，韩、赵宾从，子孰与起？”镇守西河地区，秦国不敢东进，韩国、赵国宾服我国，你田文比得上我吗？田文回道：“我还是不如你。”

听完田文的三句“不如你”，吴起愤恨不已地问道：“此三者子皆出吾下，而位居吾上，何也？”你样样不如我，为何位居我之上！

田文不急不躁、不羞不怒对吴起说：“主少国疑，大臣未附，百姓不信”，“方是之时，属之子乎，属之我乎？”这样的政治环境，国君是用你这个功高震主的元老当国相，还是用我这个各方面都很一般但容易控制的无名之辈？吴起沉默不语良久，说：“属之子矣”，还是你田文合适。

在新君即位的特殊政治背景下，功高盖主、不善处理复杂人际关系的吴起可能确实不适合担任国相。吴起在与田文的竞争中，自甘居于人下，实为政治上的顾全大局。然而，武侯并没有护好、用好吴起这种能力超强但情商不足的人才。

田文去世后，武侯拜吴起的死对头、娶公主为妻的公叔痤为相，这说明魏国人才选拔中血缘因素在增强。公叔痤视功绩卓著的吴起为眼中钉，设计离间武侯和吴起的君臣感情，武侯对吴起的信任发生动摇，吴起被迫向南投奔楚国。不久，魏国西河地区领土全部被秦国夺取。

魏惠王即位后，因公叔痤，魏国又流失了著名的改革家商鞅。商鞅本在公叔痤相府任中庶子，相当于机要秘书。公叔痤也知其贤能干练，但一直未向惠王推荐。直到公叔痤病重，才请求魏惠王把国政托付给商鞅，可惠王只是一笑了之。公叔痤见惠王未采纳，又劝惠王除掉商鞅，并直言若不如此，则商鞅将来一定会成为魏国心腹大患。惠王既没有重用商鞅，更没有杀掉商鞅。不久，商鞅投奔秦国。

商鞅变法使秦国成为七国最强大的国家，一百二十余年后秦横扫六国，完成统一大业。可惜魏惠王没给商鞅这个平台，更没给魏国这个机会。魏国变法革新的战略机遇期转瞬即逝。

重视人才则国家兴盛，漠视人才则事业衰落。周显王十四年（公元前355），魏惠王与齐威王会晤，魏惠王问齐威王有什么国宝，齐威王谦虚地说，我们齐国穷，没什么国宝。魏惠王得意地说：我们魏国有十颗大珍珠，每颗直径都在一寸以上，光芒可以照亮前后左右十二辆车子。你们齐国是东方大国，怎么会一件国宝都没有？

齐威王笑道："寡人之所以为宝者与王异。"我对国宝的定义和你不太一样。我有大臣檀子镇守南部，楚国不敢进犯，泗水边上十二小国都来朝贡，俯首称臣；我有大臣盼子镇守高唐，赵国不敢到黄河打鱼；我有大臣黔夫镇守徐州，深得百姓拥戴，有七千户外国百姓受他感召移民徐州，归顺齐国；我有大臣种首负责抓捕盗贼，维护社会治安，盗贼闻风丧胆，百姓夜不闭户安居乐业。"此四臣者，将照千里，岂特十二乘哉"，我这四个大臣光照千里，岂止照亮十二辆车子！

不久，以奇珍异宝为国宝的魏惠王就在以人才为国宝的齐威王身上，连续栽了两个大跟头，其中关键事件是名将孙膑被排挤迫害以致出走。

孙膑当初与庞涓一同学习兵法。学成出师后，庞涓到魏国当上将军。庞涓自知其军事才能比不上孙膑，就将孙膑骗到魏国，随后在惠王面前诬告孙膑，对其施以酷刑，砍掉双脚。

惠王识人不明、偏听偏信，孙膑将目光投向以人才为国宝的齐国，由田忌举荐给齐威王。齐威王如获至宝，尊以国师。孙膑指挥齐军两次大败魏军，斩杀庞涓。魏国由此衰落，沦落为二流国家。

无法独立抗衡秦国的魏国，开始寻求组建联盟推行合纵战略。然而，魏国公族庶支出身的张仪的出走，让魏国合纵理想破灭。张仪早年学习外交之术，学成后不为魏惠王重用，只有西行入秦，帮助秦国制定连横战略，拉拢其他国家进攻魏国。

张仪离魏助秦的危害性甚于吴起、商鞅、孙膑出走。张仪是土生土长的魏国人才，且是公族后裔，连他这样本应是魏国统治阶层重要支柱的人才，都在本国找不到出路，被迫离去，充分说明魏国人才选拔渠道已经淤塞。

随后，谋士范雎继续踏上商鞅、张仪离魏赴秦之路。有次范雎跟随中大夫须贾出使齐国，因才华横溢受到齐襄王格外赏赐。嫉贤妒能的须贾回国后找借口毒打范雎，范雎装死才保住性命，逃到秦国，受到重用，担任丞相。

战国晚期，最后一根独撑危局的栋梁信陵君魏无忌被猜忌而死。信陵君是魏安釐王的亲弟弟，门下集聚三千多人才。因信陵君有礼贤下士的声名，秦国十多年不敢对魏国下手。安釐王惧怕信陵君的声名超过自己，一直不给他实权。后来迫于亡国压力，安釐王任用信陵君为上将军。信陵君带领各国联军，在黄河以西击败秦军。外患暂时解除，安釐王又怕信陵君篡位，遂解除其兵权。秦始皇四年（公元前 243 年），壮志难酬的信陵君带着满腔悲愤撒手人间，秦国立马大举进攻魏国。十八年后，魏国灭亡。司马迁游历魏国故都大梁旧地时，当地百姓“皆曰魏以不用信陵君故，国削弱至于亡”。

吴起、孙膑、商鞅、张仪、范雎、信陵君……每个人都对战国历史进程起到了重大推动作用。这些人无一例外或是魏国人，或是最开始为魏国所有，又无一例外被逼出走，为他国尤其是秦国所用。

正如墨子在《墨子·亲士》中所言，选贤任能是治国理政最为急切的头等大事，“入国而不存其士，则亡国矣”，一个国家不起用士子人才，必定亡国；“见贤而不急，则缓其君矣”，对人才不及时提拔重用，必然会逼迫其离心离德，出走他国；“非贤无急，非士无与虑国”，失去人才支撑，国事就无从打理；“缓贤忘士，而能以其国存者，未曾有也”，怠慢人才而幻想长治久安，只能是镜花水月。唐代司马贞《史记索隐·魏世家》引用三国蜀汉谯周对魏国灭亡评说，云：“所谓天之亡者，有贤而不用也。如用之，何有亡哉！”

在一定时间和特定空间中，人才的数量是恒定的。魏国人才的流失，意味着其他六国尤其是齐秦楚三国人才的聚增。人才的一加一减之间，是国力的此起彼伏。魏国拱手让出的，不仅是人才，更是国运。

从千金买骨到乐毅破齐

战国七雄中，燕国地处东北，位置偏僻，经济落后，军事薄弱，一直被相邻的齐国碾轧欺负。燕国因选贤任能的一次成功实践而突然崛起，几乎灭掉老对手齐国。

国危求贤　树立标杆

公元前316年，燕王哙把王位禅让给国相子之，引发内乱，齐国乘虚而入，力图吞并燕国，后在赵、韩、秦、楚等国的压力下被迫撤兵。燕昭王即位后，奋发图强，“卑身厚币以招贤者”，用最大的诚意和最丰厚的俸禄招贤纳士。

大臣郭隗具体负责人才招揽，燕昭王语重心长地找他谈话：燕国之前因内忧招致外患，几乎被齐国灭国，此仇不共戴天；只可惜国小民寡，实力差距悬殊，只能暂且忍耐。如果能够得到不世奇才帮助寡人治国理政，洗刷耻辱，寡人愿意给他裂地封王。你觉得如何才能栽下梧桐树，引得凤凰来？

郭隗没有直接回答燕昭王的问题，而是讲了个故事。从前有个国君特别喜欢千里马，就让身边的亲信随从带着千金到处去买千里马。好不容易听说某个地方有千里马，兴冲冲地赶过去，却发现马已经死了，只剩下一堆骨头。他们就用五百金把马骨买下带回。国君大怒，批评他们怎么如此浪费国家财产，买回来的是没用的马骨头。他们回道：天下人听说国君您肯用五百金买一堆千里马骨头，就知道您是诚心诚意要花重金买马。马骨头都能花大价钱去买，何况是活着的千里马。您放心，过不了多久，千里马就会如潮水一般向您涌来。果然，还不到一年时间，就有很多人给国君送上千里马。

故事讲完，郭隗回到正题，说："今王必欲致士，先从隗始，况贤于隗者，岂远千里哉！"大王您要招贤纳士，就先从臣郭隗开始，天下奇才看到连郭隗这样的人都能重用，就会千里而来为您效力。

燕昭王听后，觉得甚是有理，为他专门兴建官邸即后世传说的"黄金台"以示尊崇，并拜为国师。树起标杆后，燕昭王君臣静待人才来敲门。

名将来归　攻破强齐

在燕国人才政策的吸引下，一批人才涌向燕国。魏国名将乐羊后人乐毅从魏国来奔，大将剧辛从赵国而来。二人之中，尤以乐毅能力最强，战略视野最为宽广。燕昭王任命乐毅为副国相，放手让他主持国政。

在燕昭王的支持下，乐毅对燕国进行了一系列大刀阔斧的改革，尤其是确立以能力政绩为标准的选官原则，摒弃传统的血缘导向的用人制度；加强军事训练，提高军队战斗力。

经过二十七年休养生息，公元前 284 年，燕昭王拜乐毅为上将军，带领燕秦韩赵魏五国联军进攻齐国，当年十月拿下临淄。燕昭王封乐毅为昌国君，乐毅又攻下齐国七十多座城池，只有即墨（今山东省即墨市一带）和莒城（今山东省莒县一带）还在顽强固守，齐国几近灭亡。

因齐国名将田单顽强抵抗，三年仍未攻破莒城和即墨。就在此时，燕国国内谣言四起。

有人对燕昭王说：乐毅三年未攻下莒城、即墨，恐怕不是能力不够，而是别有用心。他想仗着大燕的兵威，收聚齐国人心，目的是要在齐国自立为王。他现在还未敢公开称王，是因为妻儿都在燕国。可齐国美女那么多，乐毅过不久就会忘了在燕国的糟糠之妻，到那时他连妻儿都不管不顾，大王您还拿什么阻止他称王自立?

燕昭王决定公开处理此事，在国宴上当众批评进谗言之人：我大燕向有重视人才、用人不疑的传统，父王能推贤让能，何况寡人。只因父王所托非人，致使国内局势失控，齐国落井下石，乱我社稷，谋害父王。寡人即位后，日夜思得贤才辅佐，只要有人能为寡人报国仇家恨，寡人与他共治燕国。今幸得先王庇佑，乐毅为寡人攻破强齐，一雪昔日奇耻大辱。齐国本是乐毅打下来的，即使把齐国给他也是理所应当。乐毅若能当上齐王，定与我燕国交好，二国永结同心，一致对外，岂不乐哉！这不仅是我燕国的福分，更是寡人的心愿。你如此挑拨乐毅和寡人的君臣情谊，居心何在？说罢，燕昭王下令将进谗言者当场处决。

不仅如此，燕昭王还赏赐乐毅妻儿只有王后和公子才能穿戴的服饰，派国相护送他们到齐国前线与乐毅团聚，并册立乐毅为齐王，以表示对他的绝对信任。乐毅感激涕零，誓死不接受齐王的册封，表示生生世世、子子孙孙都是大燕的纯臣忠臣。齐国百姓敬佩他的道义，诸侯各国敬畏他的声誉，再没有人敢进谗言了。

疑心猜忌　功败垂成

可惜好景不长，燕昭王不久去世，其子燕惠王即位。燕惠王还是太子时，就与乐毅有矛盾。田单察觉到燕国君臣嫌隙，乘机发动对乐毅的造谣攻势，宣称乐毅迟迟不对莒城、即墨发动总攻，是怕功成之后鸟尽弓藏、兔死狗烹，于是挟兵自重，重新打起当齐王的主意。现在即墨不怕乐毅围城，就怕燕国派大将取代乐毅攻城，那样就真的无法坚守。

燕惠王本对乐毅有疑心，遂中了田单的反间计，派将军骑劫取代乐毅，召乐毅回国休养。乐毅担心遭受燕惠王的迫害，交接完军务后，都未来得及带上妻儿，转身投奔赵国。

燕国前线将士听说统帅乐毅因受猜忌被迫出走，群情激愤，军心不稳。骑劫有勇无谋，到前线后屡屡失策。公元前279年，田单使用火牛阵大破燕军，斩杀骑劫。燕军一败涂地，占领的齐国七十座城池尽失，灭齐大业功败垂成，燕国失去了强国的最后一次机会。

燕惠王将战败责任推到乐毅身上，写信指责他弃燕奔赵，对不起昭王的知遇之恩。乐毅在回信《报燕惠王书》中借机总结了昭王的用人之道：不以亲疏远近、爱恨憎恶用人，只凭功劳大小、能力高低授予适当官职；正因得到昭王

臣闻贤圣之君不以禄私其亲，其功多者赏之，其能当者处之。故察能而授官者，成功之君也；论行而结交者，立名之士也。臣窃观先王之举也，见有高世主之心，故假节于魏，以身得察于燕。先王过举，厕之宾客之中，立之群臣之上，不谋父兄，以为亚卿。臣窃不自知，自以为奉令承教，可幸无罪，故受令而不辞。

——《史记》卷八十

的信任、提拔，我才能将一身才华奉献给燕国的复兴大业。

《报燕惠王书》情真意切，既体现了乐毅对贤主燕昭王知遇之恩的无限感激之情，也表明了对燕惠王猜忌功臣的无奈。司马迁在《史记》中写道，后世蒯通和主父偃“读乐毅之报燕王书，未尝不废书而泣也”。

千金买骨是中国古代用人史上绕不过的经典案例，由此带来的人才效应尤其是乐毅的归附，使战国七雄中实力最为弱小的燕国几乎灭掉齐国这个老牌强国，但终因燕惠王用人的猜忌而功亏一篑。可谓成也，用人；败也，用人。李白在其诗《行路难·其二》中，高度评价燕昭王屈节招贤、用人不疑，乐毅输肝剖胆、肝脑涂地：

君不见，
昔时燕家重郭隗，拥篲折节无嫌猜。
剧辛乐毅感恩分，输肝剖胆效英才。
昭王白骨萦蔓草，谁人更扫黄金台？

自毁长城的赵国

约公元前 307 年，赵武灵王推行“胡服骑射”改革，赵国军力骤增，连续击败秦军，甚至曾计划灭掉秦国。但后来赵国在用人问题上连续犯下致命错误，接连自毁长城，不但错失与秦国一决高下的战略机遇期，更直接导致被秦国吞并。

长平之战　错用赵括

公元前 262 年，秦军攻打韩国，韩国被迫割让上党。上党守将冯亭决定把城池献给赵国，将秦国兵锋引向邯郸。上党地区自古为兵家必争之地，素有“得上党可望中原”之说。赵孝成王决定将上党收入囊中，派出老将廉颇率军驻守长平（今山西省高平市一带），防备秦国偷袭。

秦国立马调转兵锋进攻赵国，廉颇在长平顶住了秦军的第一轮攻势。秦军劳师远征，利于速战速决，廉颇老成持重，决定以逸待劳。孝成王认为廉颇是怯懦避战，派使者多次到前线责令迅速反击，廉颇依旧坚壁不出。

秦军粮草供应困难，怕被拖垮饿死，遂派人到赵国行反间计，扬言不怕廉颇，最怕马服君赵奢的儿子赵括。孝成王果然中计，要派赵括到长平前线取代廉颇。蔺相如劝孝成王：“王以名使括，若胶柱鼓瑟耳。括徒能读其父书传，不知合变也。”赵括确实理论水平高，但徒有虚名，只会读他父亲的兵书，拘泥陈规，从来不知道灵活变通，断然不可为将。但孝成王坚持派赵括挂帅。

当初赵括学习兵法，自认天下无敌，曾经和赵奢讨论排兵布阵之法，赵奢都难不住他，但赵奢总是说儿子不是打仗的料。赵母问夫君，怎么如此看不上儿子？赵奢长叹一声说，打仗是要死人的，必须慎之又慎，可赵括却不以为意，当作儿戏。“使赵不将括则已，若必将之，破赵军者必括也”，将来赵国不用赵括还好，万一用了，那将是灭顶之灾。

赵括出征长平前夕，赵母亲自到王宫觐见，要求停止对赵括的任命。孝成王问赵母到底何故，赵母没有说赵括视战争为儿戏，而是说从前赵奢都当上大将了，还与一百多个普通朋友保持着良好友谊，我身为将军夫人还得亲自伺候家里十来个长辈吃饭。赵奢得到赏赐，全部分给手下。出征之日，不问一句家事。可赵括刚当上将军后，威风凛凛，将士们都不敢抬头看他；您赏赐的金银布帛，他全部用来购置房产田土，四处求田问舍。“王以为如其父，父子异心，愿王勿遣”，大王您不要以为他是赵奢的儿子就和赵奢一样，父子俩不一样，真的不能让赵括去打仗！

任凭赵母苦口婆心，孝成王言道：“您不要说了，我意已决。”赵母无奈地说：假如赵括打了败仗，还请大王您不要把我牵连进去。孝成王答应了。

长平之战，一定意义上是秦赵两国争夺统一天下主导权的战略决战。赵国出动约四十五万精锐主力，秦国也将十五岁以上男子全部征发到前线。面对如此大规模的国运对决，孝成王在用人问题上，既不听身边重臣对赵括的评价，更不听赵母的建议，而是一意孤行，刚愎自用，败局已定。

赵国用人失误，秦国却用人得当。孝成王用赵括取代廉颇后，秦昭襄王立马用白起取代王龁为最高指挥。赵括急于贯彻孝成王全面决战的意图，一到前线就下令出击，结果被白起切断粮道。赵括强令突围，中箭而亡。赵军被迫投降，四十五万主力遭秦军活埋。故韩非子有言，“赵任马服之辩，而有长平之祸”，赵孝成王起用只会能言善辩却无实战经验的赵括，是长平之战惨败的关键因素。宋人洪迈在《容斋随笔》中对此叹息道，“将相安危所系，可不监哉！”

长平之战是战国历史的最后一次转折，赵国元气大伤，险些灭国，彻底失去了与秦国抗衡的实力；秦国彻底清除了最后一个竞争对手，一统天下只是时间问题。

再拆栋梁　逼走廉颇

长平之战后，赵国依靠廉颇等老臣的苦苦支撑，暂时消除亡国之虞。孝成王去世，其子悼襄王即位。悼襄王当太子时就不喜欢廉颇，遂解除其兵权，廉颇只有投奔到魏国。后来赵国多次被秦国打败，悼襄王有意召廉颇回国效力，廉颇也愿意继续为赵国尽忠。

悼襄王派使者到魏国对廉颇进行考察，“视廉颇尚可用否”。廉颇之前和悼襄王的宠臣相国郭开有矛盾，郭开就贿赂使者，“令毁之”。

廉颇见到使者后，一顿饭吃了一斗米、十斤肉，然后披挂上马，神采奕奕，向使者展示了宝刀不老、虎威犹存的战斗姿态，表示还有足够的实力冲锋陷阵。

使者回到赵国向悼襄王报告说：廉颇老将军虽然年龄大了，但是饭量很大，和臣坐下没说几句话，就上了三次厕所。使者明显是在刻意丑化廉颇，引导悼襄王质疑廉颇的能力。这一切，无疑都是郭开暗中操作的结果。

悼襄王认为廉颇确已垂垂老矣，不堪大用，放弃了接他回国的打算。郭开构陷廉颇，纯粹出于个人恩怨。不久，贪财好利的他又毁掉了赵国最后一根擎天巨柱。

冤杀李牧 终至亡国

赵国地处中原北部，与匈奴有很长的边防线，防备匈奴是赵国防御秦国之外的最重要的任务。在与匈奴长期作战中，驻守代北（今河北省蔚县一带）、雁门（今山西省右玉县一带）的李牧迅速成长起来，成为战国后期赵国硕果仅存的大将，曾大破匈奴十余万骑兵。

面对秦国咄咄逼人的兼并形势，悼襄王之子幽缪王紧急起用李牧，拜其为三军统帅。李牧不负众望，先后三次大败秦军，将赵国从生死边缘拉回。

在国运生死攸关的时刻，郭开又粉墨登场。秦国派间谍送给郭开大量金银，让他诬陷李牧谋反。幽缪王听信郭开一面之词，派人到前线捕杀李牧，替秦国除掉赵国最后一把利刃。

李牧受命挂帅之时，赵国在与秦国的抗衡中已处于绝对劣势，而李牧仍多次以弱胜强击败秦军，以一身系赵国安危。正如胡三省在《资治通鉴》中批语所言："赵之所恃者李牧，而卒杀之以速其亡。"李牧被冤杀后第二年，秦军攻破赵国都城邯郸，俘虏幽缪王。郭开投降秦国，受封为上卿。

早在赵武灵王时期，赵国就开始修建长城，从代北一直修到阴山山脉南麓一带，用于防卫匈奴，赵长城遗址是中国现存最古老的长城。但就是较早修建长城的赵国，在自毁"人才长城"上，做得比战国七雄任何一国都彻底，最终走向人亡政息。

从求贤令到逐客令

秦国从崛起到吞并六国，很大程度是靠人才推动。秦国崛起，源于秦孝公求贤带来的人才荟萃；而秦二世而亡的祸根，则肇起于秦始皇统一天下之前的逐客令。

孝公求贤　变法图强

秦国在用人上有着优良传统。春秋时期，秦穆公广纳贤才，大胆起用非秦国出身且来自社会底层的百里奚、蹇叔、由余、九方皋、伯乐等为谋臣，称霸西戎，成为春秋五霸之一。但秦穆公去世后，其继任者大多资质平平，国运衰落百年。

秦孝公即位后，决心革新政治，发布了中国古代历史上著名的求贤令，核心思想是“宾客群臣有能出奇计强秦者，吾且尊官，与之分土”。求贤令一发，不为魏惠王所用的魏国人才商鞅，当即一路向西而去。

秦孝公任命商鞅为左庶长，让其全权主导变法改革事业。商鞅变法最核心的一项是彻底改革选官用人制度，废除建立在血缘关系基础上的世卿世禄制。

世卿世禄制度即高级官职都是世袭的，世世代代，父死子继。在远古文明时期，这一用人制度能够将较大国土内的统治阶层维系在同一个血缘范围内，建立共同心理归属和情感信仰，部分解决了在较大范围内建立稳定秩序的难题，有利于早期国家统治秩序的稳定、疆域的拓展，与当时较为低下的生产力发展、生产关系水平相适应。历史进入春秋尤其是战国时代后，面对生死存亡的残酷战争，各国急需集聚不同层级的人才，世卿世禄制度明显阻碍了底层人才向上流动。

商鞅因时制宜，确立了以军功和耕织为取向的选官用人制度。“有军功者，各以率受上爵”，凡是在对外战争中立下军功者，依据功劳大小授予不同的爵位和官职。对热衷内斗者，根据罪行轻重，判处不同刑罚。这就鼓励秦国百姓跟随国家战略向外争夺资源，避免内斗造成统治不稳。为和军功爵制度配套，商鞅还设计了奖励耕织的制度，鼓励百姓多种田多织布，为前线打仗提供后勤保障。

更关键的是，商鞅把改革利刃砍向了统治阶层，规定“宗室非有军功论，不得为属籍”，宗室子孙没有军功者，一律将名字从王室玉牒上抹去，废除宗室贵族世代享有官位的天然特权。通过选官用人制度的改革，商鞅“明尊卑爵秩等级，各以差次，名田宅、臣妾、衣服”，重新确立了秦国的等级秩序，并以新等级规范政治和生活待遇。由是“有功者显荣，无功者虽富无所芬华”，让有军功者富贵荣华，而无军功之人即使家财万贯，也没有任何政治社会地位。

在改革选官用人制度基础上，商鞅还系统改革了秦国行政制度和地方官制，“并诸小乡聚，集为一县，县置令、丞，凡三十一县”，将小乡合并为县，县设县令负责全县事务，设县丞分管民政，县令、县丞由中央任命，由此把地方管理权全部收归中央，确保中央集权深入基层。

商鞅奖励耕战军功取向的选官用人制度改革，在秦国造就了一个新的获益群体，他们成为改革的坚定支持者和拥护者。后来商鞅虽然被车裂，但秦法未败，改革仍然以不可阻挠的姿态深入下去，这和改革受益阶层的存续扩大是分不开的。

商鞅变法，虽不是战国历史上的第一次变法，但因变法的广度和深度均超过之前各国变法，由此成为中国古代变法改革事业中的模范蓝本，奠定了秦国乃至中国古代社会的基本政治规模和制度取向，而其发轫点无疑是秦孝公的那道求贤令。无论是秦朝的李斯，还是汉唐的班固、杜佑，都对孝公重用商鞅变法给予高度评价。毛泽东曾评论道，“求其利国福民伟大之政治家，商鞅不首屈一指乎？”

历观制作之旨，固非易遇其人。周之兴也得太公，齐之霸也得管仲，魏之富也得李悝，秦之强也得商鞅，后周有苏绰，隋氏有高颎，此六贤者，上以成王业，兴霸图，次以富国强兵，立事可法。

——《通典·食货》

商鞅变法基本确立秦国内政的改革路径，从秦惠文王开始，秦国把主要精力放在对外战略上。秦惠文王即位不久，外交奇才苏秦投奔到秦国，“说秦王以兼天下之术”，献上连横兼并、一统六国的大战略，秦惠文王此时正集中精力平复商鞅之死带来的民心浮动，暂时顾不上外交事务，且因厌恶当初靠舌辩之术上位的商鞅，以致连带不喜欢其他辩士，轻易将苏秦打发走。被秦国抛弃的苏秦转而游说六国合纵抗衡秦国。大致在公元前 333 年，苏秦先后说服燕文公、赵肃侯、韩宣惠王、魏惠王、齐威王、楚威王定下合纵盟约，准备联合出兵进攻秦国。

秦惠文王及时醒悟，很快引进了和苏秦齐名的外交天才魏国张仪，推行连横战略，很快打破六国针对秦国的合纵联盟。秦惠文王的继任者秦武王在当太子时与张仪不和，即位后不再重用张仪，六国再次组建合纵联盟对抗秦国。柏杨在《现代语文版资治通鉴》中对商鞅被杀、张仪遭贬感到惋惜，认为“嬴驷先生（秦惠文王）不杀公孙鞅（商鞅）先生，嬴荡先生（秦武王）不疏张仪先生，世界早改观矣”。

秦武王虽在张仪问题上用人失误，但在信用甘茂上却颇有可圈可点之处。公元前308年，武王派甘茂率军进攻韩国军事重镇宜阳。甘茂走到半路，却令副将返回咸阳，请求放弃这次行动。秦武王到息壤会见甘茂，问其原因，甘茂回道：宜阳城防坚固，我们是千里出师，一时半会儿肯定打不下来，万一到时朝中有人诋毁我怎么办?

秦武王仍未明其意，甘茂给他讲了两个历史故事。第一个是“曾母投杼”。有个和曾参同名同姓的人杀了人，有人跑去告诉曾参的母亲说，你儿子杀人了。曾母刚开始不相信，说知子莫若母，我儿子根本不会杀人，说罢继续低头织布。等到一连三个人告诉曾母曾参杀了人，这次她真的信了，立马扔掉织布的梭子，翻过墙头就逃。甘茂对秦武王说：我的贤能比不上曾参，大王对我的信任又肯定不如曾母对儿子，您身边想打我小报告的还不止三个人，我真怕大王您到时会像曾母一样扔掉梭子不信任我。

讲完反面教训，甘茂又给秦武王说正面经验。当年魏文侯派乐羊攻打中山国，三年才拿下。等到乐羊班师回朝，论功行赏，魏文侯让人搬出一个箱子，里面都是告乐羊图谋不轨的小报告。乐羊当即拜谢魏文侯，说打下中山不是臣的功劳，而是国君您用人不疑的结果。我甘茂本是楚国人，是受到大秦用人政策的感召才来投奔大王。您身边的樗里子、公孙奭一直反对臣攻打宜阳。

臣在前线激战正酣，万一您在后方听信他们谗言怎么办？

秦武王明白甘茂的意思后，当即表示：寡人只会做魏文侯，不会当曾母。为表示对甘茂的信任，秦武王还指天跺地发誓。见到秦武王如此表态，甘茂才返回前线。

甘茂的担心不是没道理。到了第二年，甘茂在宜阳城下攻了五个月都没进展，樗里子、公孙奭连连跑到秦武王那打小报告，耳根软的秦武王果然下令甘茂撤军回师。甘茂给秦武王回了四个字，“息壤在彼”，意思是大王您还记得当年在息壤的誓言吗？秦武王一听，立马从国内调兵遣将增援甘茂。不久，甘茂歼灭韩军六万主力，成功拿下宜阳。

尽管秦武王在甘茂一事上做到了用人不疑，但纵观其一生，未能做到任人以贤而不以爱憎，视选官制度和国家官职如儿戏。

秦武王身体强壮，高大威猛，喜欢和大力士比试力气。经常陪他角力的任鄙、乌获、孟说等人，都因力大无穷当了高官。秦武王在秦国历史上的地位不高、评价一般，与此不无关系。而秦武王最终也因孟说等人而英年早逝。

有次秦武王和孟说比赛举鼎，不料被鼎压断经脉而亡。秦武王去世后，秦昭襄王即位，从魏国引进人才范雎，确立了远交近攻战略，奠定了秦国后五十年的基本国策。经过孝文王和庄襄王两代秦王，秦国事业的接力棒顺利交到雄才大略的嬴政手中。

始皇逐客　半路回心

秦攻六国，韩国受到的威胁最大，试图转移秦国注意力。大约公元前246年，韩国派间谍郑国游说秦国君臣，建议秦国在泾水和北洛水之间开凿一条长约三百里的水渠，灌溉两岸农田。

秦国批准了郑国的工程计划，投入大量人力物力开挖水渠。

工程进行到一半，秦国排查出郑国的间谍身份，才知道郑国挖渠的目的是为了损耗秦国国力，减轻韩国压力。加之在前期处置嫪毐、吕不韦事件过程中，嬴政发现他们手下有一大批六国士人为其出谋划策，由此对从六国来秦国任职的士人产生怀疑。

秦国自孝公任用商鞅变法以来，在人才使用上一直是重外轻内，即重用外来人才，对本国尤其是宗室人员弃之不用，防止他们威胁王权。秦国宗室大臣对此早已愤愤不平，遂抓住机会向嬴政进谗言："诸侯人来仕者，皆为其主游间耳，请一切逐之"，六国士人为保护本国不受攻击，大肆离间秦国君臣感情，不如全部赶走了事。公元前 237 年，嬴政下达逐客令，清查六国士人，全部驱逐出境。

来自楚国上蔡（今河南省上蔡县一带）的李斯，亦在被驱逐之列，他给嬴政上了一道流传千古的《谏逐客书》。

李斯引用了秦穆公用戎人由余、虞人百里奚、宋人蹇叔和晋人丕豹、公孙支称霸西戎，秦孝公用卫人商鞅变法图强，惠文王用魏人张仪破六国合纵，昭襄王用魏人范睢远交近攻的例子，说明这些人才虽来自六国，但却对秦国事业忠诚无比；秦国的事业发展，在很大程度上是建立在外来人才的贡献基础上，"由此观之，客何负于秦哉"。李斯认为，六国士人从来没有辜负过秦国，反倒是秦国"不问可否，不论曲直，非秦者去，为客者逐"的做法，明显是矫枉过正。李斯用"泰山不让土壤，故能成其大；河海不择细流，故能就其深；王者不却众庶，故能明其德"的道理告诉嬴政，只有海纳百川，择天下英才而用之，才能使秦国自穆公、孝公以来实现崛起的伟大事业延续下去。"夫物不产于秦，可宝者多；士不产于秦，而愿忠者众。今逐客以资敌国，损民以益仇，内自虚而外树怨于诸侯，求国之无危，不可得也"，秦国逐客等于把人才推到对手六国怀抱。毛泽东评价《谏逐客书》“有很大的说服力”。

嬴政看到李斯奏疏后幡然悔悟，赶忙将其召回，恢复官职，废除了《逐客令》，并在李斯的建议下，实施了对六国的人才打击策略，派遣能言善辩之士携带大量经费前去六国游说，对六国大臣或收买，或刺杀，或离间其君臣感情，对六国人才库形成瓦解之势。

嬴政还任用来自魏国的尉缭谋划军事，用顿弱、姚贾参与外交，吸取韩非的帝王之术和治国务在求贤任能思想，任用王翦、王贲父子，蒙恬、蒙毅兄弟等大将统帅军队，用十年时间攻灭六国，横扫六合，秦国最终改版为秦朝，嬴政升级为秦始皇。

被秦所灭的六国并非完全不重视人才，六国中实力较强的齐楚赵魏四国均出现了公子养贤现象。战国四公子即齐国孟尝君田文、楚国春申君黄歇、赵国平原君赵胜、魏国信陵君无忌，门下都有人才数千，而实力最强的秦国却没有出现公子养贤的现象。这是秦国和六国在选贤任能思路上的重要不同，也是决定七雄命运的关键点之一。简言之，就是四公子养士在家，而秦用人为国。

秦国的人才掌握在国君手中，尽管也出现过吕不韦那样的权臣收揽人才现象，但他们都很快被解除了权力，国君和国家始终牢牢掌控着人才。其他六国尤其是齐楚赵魏四国，人才大部分被四公子为首的权贵阶层截留，只为私人所用。这些公子门下的人才出谋划策的出发点，往往不是国家整体利益，而是为其提供衣食的公子权贵私家利益，这是六国国家决策屡屡出现失误的重要原因。从商鞅、张仪到范雎、李斯，秦国所用人才在佐理国政时都以国家利益为依归，帮助国君尽可能打破既得利益集团对国家利益的渗透干预，从而使秦国能最大范围调动国内一切积极因素，全力投入到一统天下的大业中。

太子危机 二代而斩

秦始皇一统六国后，在进行各项制度建设时，却没有把选官制度的转型提上日程，继续沿用战争时期的军功用人制度，以致派驻到六国故地的秦人地方官普遍对下刻薄寡恩，只以完成来自咸阳的任务命令为最大政绩，从不考虑当地百姓的承受力甚至死活。这是秦朝二世而亡的人事制度原因。

自认“德兼三皇，功过五帝”的秦始皇也逐渐骄傲自满，在治国上从任用群贤转向唯我独尊。秦始皇三十五年（公元前212年），因部分方士言论上对秦朝不满，秦始皇出重拳打击。在惩治方士过程中，很多儒生被牵连，前后有460多人被屈打成招。这其中有很多人只是对时政有所批评，并非想要推翻秦朝。

公子扶苏劝秦始皇，儒生学的都是孔子齐家治国之道，是大秦的人才根基和后备官员，不能株连过多。但秦始皇根本不听劝谏，把儒生全部坑杀在咸阳。这就是历史上著名的“坑儒”事件。

“坑儒”事件鲜明体现了秦朝用人政策的功利性，本质上和逐客令一脉相承。只不过逐客令发布之时，秦始皇的一统大业还未完成，尚能听取李斯的劝告。等到四海归一，秦始皇自觉功德圆满，遂将人才弃之如敝屣。

打天下靠人才，治天下更要靠人才。诚如扶苏所言，以齐家治国之道为学术根基的儒生，是当时国家政治转型的重要人才基础。秦国不但未通过制度化的入仕途径将他们及时吸纳，反而斩尽杀绝。加上军功爵制度的影响，秦朝各级官吏职位基本上都留给复转军士，儒生等知识分子在朝中几乎无立足之地。

正如司马迁在《史记》中所言，“（秦始皇）专任狱吏，狱吏得亲幸。博士虽七十人，特备员，弗用”。秦始皇重用的是刀笔吏，士人只能担任坐而论道的博士等虚职，在朝廷中点缀一二，无法施展才干。天下英才尽忠报国之路被封堵，由此对秦朝失去希望。后来，陈胜、吴广大泽乡起义，孔子八世孙孔鲋毅然加入反秦事业，全然没有“秀才造反，三年不成”的迟疑徘徊，最后在与秦将章邯的战斗中舍生取义。

“坑儒”事件不但让秦朝失去人心，更导致秦始皇在太子问题上犯下识人不明的致命错误，直接加速了秦朝短命的历史进程。

按照秦国的王位继承制度，新王即位不久，就要册立太子，以示源远流长，确保政权长期稳定。早在秦始皇的曾祖父昭襄王在位时期，就立了秦始皇的祖父孝文王为太子，甚至提前为孝文王确立了继承人，即秦始皇的父亲庄襄王。因此，在位长达五十六年的昭襄王去世后，孝文王尽管刚即位三天就追随父王而去，但庄襄王很快就顺利即位，避免了政治动荡。庄襄王刚即位，就确立了秦始皇的太子地位。三年后，庄襄王去世，秦始皇即位，继续推动各项事业的发展。

秦始皇的众多儿子中，扶苏能力最强、声望最高，又有嫡长子的天然血缘优势，是最合适的太子人选。扶苏偏向文治，曾在“焚书坑儒”问题上极力劝谏秦始皇，是推动秦朝政治从创业到执政转型的理想人选。但秦始皇囿于后宫外戚的政治格局，迟迟下不了立扶苏为太子的决心。

人们常用秦晋之好来形容秦国和晋国的联姻，实际上秦国和楚国王室联姻更为长久。从秦穆公到秦始皇，秦楚之间有着长达四百余年绵延二十一代人的联姻结盟关系，嫁到秦国的楚女对秦国政治有着极大影响，尤以同出身于芈姓家族的惠文王王后芈八子和孝文王王后华阳夫人为甚。

据历史学家李开元在《秦始皇的秘密》一书中的研究，华阳夫人甚至还为秦始皇指定了同样来自芈姓家族的女子为妻，这就是消失在历史中的始皇后。作为始皇后嫡长子，扶苏身上无疑有着浓厚的楚系外戚血统。正因如此，来自楚地的陈胜吴广起义时，打出公子扶苏的旗号招揽人心。秦始皇一直致力于排除楚系外戚势力的影响，很难容忍有楚国血统的扶苏接过秦朝政权，这可能也是扶苏迟迟不被立为太子的重要原因。加上扶苏在“焚书坑儒”问题上与秦始皇相悖，秦始皇在立其为太子问题上出现了犹豫和摇摆。

“焚书坑儒”事件不久，秦始皇责令扶苏离京到上郡（今陕西省榆林市一带）监军。胡三省在《资治通鉴》这段记载后加了一句注语，“为胡亥夺嫡杀扶苏张本”，为胡亥夺位、扶苏被杀埋下伏笔。但详细分析，秦始皇此举，既是对扶苏的惩罚，也说明他还没有完全放弃扶苏，想继续考察扶苏。上郡地区集结着大将蒙恬率领的三十万秦军，防御匈奴，拱卫京师，是当时秦朝最为精锐的军团。秦始皇让扶苏到此监军，也有历练他军事能力，与大将培养政治感情的考虑在内。如果秦始皇完全抛弃扶苏，断然不会让他去军事重地历练，而且上郡离咸阳不远，遇有紧急情况可随时召回主持大局。

虽然秦始皇相当看重扶苏，可他最喜爱的却是幼子胡亥。根据李开元教授的研究，这不仅是传统的家长爱怜幼子的天然亲情，更有胡亥母亲可能是赵国人的考虑在里面。秦始皇的母亲赵姬也是赵国人，秦始皇与胡亥同属于秦朝后宫格局中的赵系外戚阵营。

为培养胡亥，秦始皇亲自指定赵国王族出身的赵高，教导胡亥判案断狱。赵高强壮有力，是当时一流法律专家，长期在秦始皇身边从事机要文书工作。赵高曾犯罪，秦始皇让蒙毅处置此事，蒙毅建议判处死刑。但关键时刻，秦始皇爱惜赵高的机敏明断，将其特赦，还官复原职。在赵高问题上，秦始皇的识人不明表现得至为明显。

对胡亥的特殊关爱和对赵高的识人不明叠加在一起，终于酿成了决定秦朝国运的沙丘之变。秦始皇三十七年（公元前 210 年）十月，秦始皇决定带胡亥进行第五次巡游。

第二年七月左右，秦始皇在返回咸阳途至平津（今山东省平原县一带）时染上重病。秦始皇令赵高起草诏书给扶苏，“与丧，会咸阳而葬”，要扶苏接诏后即刻回到咸阳主持国葬。可诏书还未寄出，巡游至沙丘（今河北省平乡县一带）时，秦始皇就去世了。被秦始皇视为忠贞不贰的丞相李斯、身边人赵高、爱子胡亥修改遗诏，改立胡亥为太子，令扶苏自杀。

明清之际的史学家王夫之在《读通鉴论》中指出：“秦始皇之宜短祚也不一，而莫甚于不知人。非其不察也，惟其好谀也。托国于赵高之手，虽中主不足以存，况胡亥哉！”秦始皇二世而亡的原因很多，其最大的问题就是识人不明，并不是他不善于考察人才，而是由于喜好阿谀奉承。将国家托付给赵高，即使是中等才智的君主尚且不能图存保国，何况是胡亥这样的昏君呢？

从秦孝公到秦始皇，重用人才尤其是外来人才成为秦用人政策的一条主线。宋人洪迈在《容斋随笔》中指出，六国用人，大多是其王族宗室；秦的崛起和兼并，是靠客卿等外来人才推动。但秦对客卿更多是重用而非信用，客卿为秦国贡献聪明才智，立七国虎争天下，莫不招致四方游士。然六国所用相，皆其宗族及国人，如齐之田忌、田婴、田文，韩之公仲、公叔，赵之奉阳君、平原君，魏王至以太子为相。独秦不然，其始与之谋国以开霸业者，魏人公孙鞅也。其他若楼缓赵人，张仪、魏冉、范雎皆魏人，蔡泽燕人，吕不韦韩人，李斯楚人。皆委国而听之不疑，卒之所以兼并天下者，诸人之力也。

——《容斋随笔》

下汗马功劳后，通常都是善终者寡。商鞅被车裂，张仪被驱逐，范雎最终也被解除权力。客卿等人才在秦国受重用或者说是被利用的同时，又遭受着猜忌、怀疑、打击以至无妄之灾。这一切，都和秦用人的功利色彩分不开。

从求贤若渴到逐客坑儒，秦在用人思路上的功利特点终在秦始皇中后期发展到顶峰。秦始皇统一天下后，战争环境中的军功爵制度不但没有及时变革，反而继续发扬光大，无法有效对全国人才进行全面吸纳。社会上大批人才在秦朝找不到出路，前途无望，只能将出人头地的希望寄托在下一次改朝换代的起义中。以“汉初三杰”为代表的大量人才在秦末大起义中脱颖而出，无疑和秦朝选官用人制度未能及时转型有密切关系。

楚汉之争与用人得失

公元前202年二月初三，刘邦经过四年的艰难困苦，最终玉汝于成，赢得楚汉战争的胜利，登基称帝，建立汉朝。五月，刘邦举行国宴，席间郑重向群臣提出一个问题：朕为什么能够得天下，项羽为什么会失天下？

大臣高起、王陵回道："陛下使人攻城略地，因以与之，与天下同其利"，陛下您能充分调动我们的积极性，谁打下城池就封给他，还给予厚赏，把将士们的利益和陛下您的利益牢牢捆绑在一起。"项羽不然，有功者害之，贤者疑之，此其所以失天下也"，反观项羽，嫉贤妒能，迫害有功之人，猜忌贤能之人，这是他失天下的原因！

刘邦说：你们说得确实有理，但还没有说到根本上。我们能彻底打败项羽，全靠"用人"这两个字。论谋略我不如张良；论镇守后方、抚慰百姓、供应粮草，我不如萧何；论打仗我不如韩信。张

> 运筹帷幄之中，决胜千里之外，吾不如子房；填国家，抚百姓，给饷馈，不绝粮道，吾不如萧何；连百万之众，战必胜，攻必取，吾不如韩信。三者皆人杰，吾能用之，此吾所以取天下者也。项羽有一范增而不能用，此所以为我禽也。
>
> ——《资治通鉴》卷十一

良、萧何、韩信都是人中豪杰，朕放手去用他们，才能打下万里江山。项羽有一范增而不用，所以才被朕打败。

刘邦君臣的一问一答，道出了汉兴楚败的原因。《旧唐书·王珪传》记载，唐太宗认为，“汉高祖，田舍翁耳，提三尺剑定天下，既而规模弘远，庆流子孙者，此盖任得贤臣所致也”。赵翼在《廿二史劄记》中指出，“高祖创业时固以人才为急也”。《明史·孔克仁传》中记载，朱元璋亦称赞刘邦“以宽大驭群雄，遂有天下”。刘邦麾下贤臣中，最重要的莫过于张良、萧何、韩信“三杰”。近代历史学家蔡东藩在《前汉演义》中指出，“张良之烧绝栈道，一奇也；萧何之私追逃人，二奇也；韩信之骤拜大将，三奇也。有此三奇，而汉王能一一从之，尤为奇中之奇。乃知国家不患无智士，但患无明君，汉王虽倨慢少礼，动辄骂人，然如张良之烧栈道而不以为怪，萧何之追逃人而不以为嫌，韩信之拜大将而不以为疑，是实有过人度量，固非齐赵诸王，所得与同日语者。有汉王而后有三杰，此良臣之所以必择主而事也。”

刘邦对张良、萧何、韩信的任用，为中国古代用人提供了不少经典案例。他们对刘邦的扶持不仅是出谋划策、保障后勤、征战四方，在用人策略上亦贡献颇多。

任用三杰　成就帝业

张良不是刘邦的最初班底，但较早加入刘邦队伍，其人如苏轼在《留侯论》一文中所论，“所挟持者甚大，而其志甚远也”。他帮助刘邦制定战略规划，辅佐刘邦西行灭秦，建议放手让韩信独当一面。刘邦言听计从，最终夺取全国政权。

天下初定，摆在刘邦面前的头等大事就是论功行赏。至汉高帝六年（公元前 201 年）春，刘邦已封了二十多个功臣，其余人的座次排名还未确定，未得到封赏。

有一次，刘邦和张良在洛阳宫殿散步，远远望见一帮将领窃窃私语。刘邦问张良：他们在议论什么呢？张良回道：他们这是在准备谋反！刘邦大惊，忙问为什么。张良回道：您一个平头百姓提三尺剑夺得天下，“所封皆故人所亲爱，所诛皆生平所仇怨”，现在封赏的都是亲朋好友，杀的都是旧日仇人。有功劳的人那么多，就是把全部国土都分封了也是不够的，就怕您从此不再封赏；而且大家觉得陛下爱记仇，睚眦必报，说不定什么时候一想起过去谁得罪过您，就惨遭杀身之祸。人心不稳，才会聚在一起策划谋反。

刘邦深表忧虑，问张良该如何是好。张良反问刘邦：陛下您平日里最恨的大家又都知道的，是谁？刘邦回道：那肯定是雍齿。雍齿是刘邦老家沛县世族豪强，素来看不上刘邦。刘邦在沛县起义时，雍齿虽然加入，但一直有反复之心。刘邦打下丰邑（今江苏省丰县一带）后，交雍齿防守。但雍齿竟然被魏国人策反，献出丰邑，导致刘邦丢失根据地。

刘邦对张良说：后来在战场上遇到雍齿时，他让我吃了不少亏，“我欲杀之”。可他再次投降我后，立过不少大功，我终究不忍心对他下手。张良回道：陛下您先封赏雍齿，其他人就不会再有不安定的想法。刘邦当即采纳，专门举行授爵仪式，封雍齿为什邡侯。同时，排定功臣位次，大加封赏。功臣们心花怒放，“雍齿尚为侯，我属无患矣！”

司马光评论此事，“张良为高帝谋臣，委以心腹，宜其知无不言；安有闻诸将谋反，必待高帝目见偶语，然后乃言之邪！盖以高帝初得天下，数用爱憎行诛赏，或时所害至公，群臣往往有觖望自危之心；故良因事纳忠以变移帝意，使上无阿私之失，下无猜惧之谋，国家无虞，利及后世。若良者，可谓善谏矣”。其实诸将并非私议谋反，张良不过是借此事劝谏刘邦，用人要坚持五湖四海，不能以个人爱憎好恶为依据。打天下靠大家齐心协力，得天下后封赏的却都是身边人，违背公平公正的用人原则，只能导致人人自危、异心泛滥。只有公平用人、赏罚分明，才能上下一心、国运绵长。

与半路来归的张良不同，萧何是刘邦的私人班底。在跟随刘邦创业过程中，萧何料理后方，办理军需，为刘邦夺取天下奠定了雄厚的物质基础，也以关中地区为试验田，为新生的汉朝摸索了治国经验。因此，建国后分封功臣时，萧何获赐食邑最多，达八千户。老将们对此强烈抗议，言道：我们都是跟随陛下您九死一生，萧何打过什么仗，就靠摇摇笔杆子、耍耍嘴皮子，反而功劳在臣等之上？

对付军队里的这些粗人，刘邦不给他们讲大道理，骂骂咧咧道：你们都打过猎吧？打猎时追兔子的，都是狗；发号施令的是人；你们仅仅是只能追走兽的狗，萧何就是发号施令的人！刘邦话糙理不糙，老将们都明白了。

老将们心里还是不服气。刘邦公布十八位功臣排名次序后，萧何位列第一把交椅，军队头面人物曹参排第二。老将们再次炸开了锅，言道：曹将军披坚执锐，血战沙场，身上有七十多块伤疤。曹参将军功劳最大，应排第一！

还未等刘邦发怒，鄂千秋就为他解了围，劝解道：曹将军虽有攻城略地的大功，但只是一时之功。我们和项羽对抗时，好几次都到了生死存亡的边缘，都是萧何从关中调兵，为你们补充兵源；是萧何送来了粮食，让你们吃饱肚子；是萧何把关中治理得井井有条，让你们有稳固的后方；萧何的功劳，是万世之功。为什么要把曹参的一时之功，凌驾于萧何的万世之功上面？

鄂千秋舌战群将，刘邦当即确定萧何功劳第一的政治地位，亦未忘鄂千秋的解围之力，言道：“吾闻‘进贤受上赏’，萧何功虽高，得鄂君乃益明”，朕不但要重用人才，更要重赏举荐贤才的人。刘邦遂封鄂千秋为安平侯。

在功臣排位中，刘邦将萧何位次安排在曹参之前，明确了文臣辅政之“劳”高于武将征战之“功”，实际上是通过人事安排完成了用人思路的调整，扭转了从春秋战国到秦汉之初浓厚的军功用人传统，最终促成西汉政权从“打天下”到“治天下”的转变。

除辅佐刘邦理政，萧何在用人上对刘邦最大的贡献就是月下追韩信，并建议刘邦拜韩信为三军统帅。韩信的命运从此与萧何结下不解之缘，正是“成也萧何，败也萧何”。

刘邦按照韩信的部署，明修栈道，暗度陈仓，出其不意攻下关中，又派韩信开辟对项羽作战的第二战场。项羽见状，就劝韩信脱离刘邦与楚合作。

韩信不假思索予以拒绝：“臣事项王，官不过郎中，位不过执戟；言不听，画不用，故倍楚而归汉”，当年我跟随项羽，不过是执戟站岗的郎中，言不听计不从，只能良臣择主而侍。“汉王授我上将军印，予我数万众，解衣衣我，推食食我，言听计用，故吾得以至于此。”刘邦和我同吃同穿，拜我为大将，让我独当一面；一切战略战术都按我的想法来，我才有今天的功成名就。汉王对我如此信任，我怎能背叛？

韩信在楚汉之争中起着关键性作用。韩信手下谋士蒯彻对此洞若观火，劝韩信两不相帮，以齐国为根据地，北收燕赵，自立为王，三分天下。韩信拒绝道：刘邦待我恩重如山，我不能做此忘恩负义之事。清代史学家赵翼在《陔余丛考》中对此评价，“（蒯彻语）正以见淮阴之心乎为汉，（蒯彻）虽以通之说喻百端，终确然不变，而他日之诬以反而族之者之冤痛不可言也”。意思是韩信一心向汉，蒯彻以多种理由劝反，终不为所动，日后以谋反罪诛杀韩信一族，实在是冤枉，令人心痛。

韩信对刘邦的绝对信任，是建立在刘邦对他的放手使用基础上的。楚汉战争期间，刘邦多次收回韩信兵权，将其麾下部队收编，韩信每次都俯首听命，从不违抗。其原因，正如王夫之在《读通鉴论》中指出的，“（刘邦）结之者情也，非徒情也，无所偏任，无所听荧，可使信坦然见其心也。吾之所为，无不可使信知之矣。信固知己之终为汉王倚任而不在军之去留也，故其视军之属汉也无以异于己。无疑无怨，何所靳而生其忮惎乎？假使夺信军而授之他人，假使疑信之反而夺共军以防之，项王一印之刓而信叛，三军之重，岂徒一印之予夺乎！”

刘邦对韩信放手使用的同时，亦猜忌防范，战时就屡夺其军权，战后又将其从齐王改封楚王，降爵淮阴侯。韩信最终被萧何、吕后设计诛杀，刘邦得知后既满心欢喜，终于除掉了心腹大患；又顾念大半江山都是韩信打下的，不由得心生哀怜。一“喜”一“怜”，刻画出了刘邦对待韩信又用又防的矛盾心态。

刘邦在对张良、萧何、韩信三人的态度和使用上有很大不同。对张良一直是绝对信任，放手使用；对萧何是战时信任有加，战后防范亦有加；对韩信则是无论任何状态下均加以限制，可以说是限制性使用。宋人何去非在《何博士备论》中对刘邦“能收人之智而任之不疑”的评价，其实只能用在刘邦与张良等极少数人的关系上。

刘邦之所以如此，与“三杰”的能力区别有很大关系。张良偏重于谋略，必须依赖明主才能将谋略转化为执行。如王夫之在《读通鉴论》中所言，张良“虽多智，而心固无私”，只是“从容讽议之臣”，提供解决问题的建议供刘邦选择而已，“未尝握兵而持国柄”。离开刘邦，张良难以发挥作用。

萧何侧重于协理政务，战时对刘邦威胁不大。建国后出任相国辅佐刘邦治国理政，有可能凭借相权形成独立的政治势力与皇权抗衡，这是刘邦在立国后对萧何多有敲打的重要原因。至于韩信，本是从敌对阵营投奔而来，且军事才能杰出，握有兵权，是重要的不稳定因素。刘邦迫于战事需要，可以让他独当一面，一旦战事缓和，首要是解除他的兵权，后更是一再削爵夺权，最终处死。

司马光评论道，“功名之际，人臣之所难处……淮阴诛夷，萧何系狱，非以履盛满而不止耶！故子房托于神仙，遗弃人间，等功名于外物，置荣利而不顾，所谓‘明哲保身’者，子房有焉”。南宋思想家陈亮在《龙川文集》中指出，刘邦“所借以取天下者，故非一人之力，而萧何、韩信、张良盖杰然于其间”，又对“三杰”后来的命运抱以深切的同情，“天下既定，而不免于疑。于是张良以神仙自托；萧何以谨畏自保；韩信以盖世之功，进退无以自明”。

裙带成风　霸王别姬

项羽手里本来握着一把好牌，身边集聚了范增等一大批人才，对楚汉战争起到重大影响的韩信、陈平、英布、彭越等人，当初也都是在项羽帐下。而项羽对人才有功不赏，不听人言，又大搞裙带关系，硬是把人才济济变成人才零落。南宋理学家范浚评道，“(项羽)得范增不能用，得陈平不能用，得韩信不能用，皆使之怨懑弃去”。清代史学家王鸣盛在《十七史商榷》中亦言，“项王之失不在粗疏无谋，乃在苛细、多猜疑、不任人，韩信、陈平皆弃以资汉”，最终霸王别姬，乌江自刎。

韩信曾和刘邦讨论项羽用人，批评项羽“不能任属贤将”，既无识人之明，又无用人之量，只有匹夫之勇，“项王见人，恭敬慈爱，言语呕呕，人有疾病，涕泣分食饮”，和下属称兄道弟打成一片；碰见将士有病，能热泪盈眶把小灶让给伤员吃。“至使人，有功当封爵者，印刓敝，忍不能予”，可将士立了大功，应该封官拜爵，他把刻好的印把子握在手里，藏在怀里，把棱角都磨没了，还是不能痛痛快快地发下去，给别人封官就好像剜他心头肉，“此所谓妇人之仁也”。

项羽在用人上的这个弱点，不但没有在内部形成正向激励机制，反而被刘邦抓住利用，破坏项羽集团内部团结。楚汉战争后期，刘邦让陈平携带大量黄金打入楚军内部，大肆制造传播谣言，说钟离眛、龙且、周殷等大将立有大功，却一直不能裂地封王，决定和刘邦联合攻击项羽，然后平分其土地。这些谣言半真半假，钟离眛等人功高不赏是真，想反叛却是假。而杀伤力最大的就是半真半假的谣言，项羽确实在钟离眛等人封王问题上过于吝啬，并且疑心甚重。果不其然，项羽听说后，怀疑钟离眛等人的忠心，对其不再重用。

项羽刚愎自用、不听人言的缺点，突出表现在对范增的使用上。

范增是项羽最重要的谋臣，而且是项羽队伍的原始班底。三国曹魏大臣蒋济曾言，“项羽若听范增之策，则平步取天下也”；苏轼在《范增论》中亦曰，“增，高帝之所畏也；增不去，项羽不亡”。项羽在鸿门宴上拒绝范增的关键建议，放走了对手刘邦。

项羽此举，确有顾忌政治影响的缘由。此时刘邦刚刚立下灭秦大功，贸然杀掉，政治影响极坏。但正如毛泽东在《中国革命战争的战略问题》中指出的，“惧怕一时的不良的政治影响，就要以长期的不良影响做代价”。范增正是看到了这点，而项羽囿于短时目光，让扭转楚汉之争结局的机会轻易从手边溜走。1964年，毛泽东在一次谈话中，提出了项羽的三个错误，其中之一就是在鸿门宴上，没能听范增当场杀掉刘邦的建议，成为他的后患。

荥阳会战时，项羽又中了陈平的离间计，疑心范增和刘邦私下有往来，要彻查范增和刘邦的关系。范增听说后大怒，要求辞职。项羽不予挽留。

刘邦利用反间计先除掉项羽手下钟离眛等猛将，再除掉范增等谋臣。失却谋臣猛将两大人才支柱，项羽的节节败退也就顺理成章。西汉扬雄在《法言》中评论，“汉屈群策，群策屈群力；楚憞群策而自屈其力。屈人者克，自屈者负”。

在1962年1月30日召开的七千人大会上，毛泽东曾拿项羽的例子教育全党，“从前有个项羽，叫作西楚霸王，他就不爱听别人的不同意见。他那里有个范增，给他出过些主意，可是项羽不听范增的话”。毛泽东就此批评一些不愿听不同意见的同志，“有点像项羽，这些同志如果不改，最后要垮台的。不是有一出戏叫《霸王别姬》吗？这些同志如果总是不改，难免有一天要‘别姬’就是了”。批评完项羽，毛泽东又表扬刘邦，“另外一个人叫刘邦，就是汉高祖，他比较能够采纳不同的意见”。毛泽东很中肯地评价刘邦和项羽，“项王非政治家，汉王则为一位高明的政治家”。

项羽在用人上的另一失误是裙带成风。陈平曾对刘邦言：“项王不能信人，其所任爱，非诸项，即妻之昆弟，虽有奇士不能用”，项羽用的那些人，要么是姓项的本家人，要么就是妻弟，其他人就算有经天纬地之才，也得不到重用。对项羽事业造成最大损害的，就是他最信任最重用的家里人、身边人，其中之一就是叔父项伯。

项伯多次在重要历史关口暗通刘邦，通风报信。当初函谷关前，项羽要进攻刘邦，项伯星夜报信，刘邦提前得知消息，做好应对措施。鸿门宴上，范增令项庄舞剑刺杀刘邦，早已和刘邦结成亲家的项伯不惜以血肉之躯挡住项庄的封喉之剑，致使项庄无从下手。南宋学者徐均根据《资治通鉴》所记史实，写下咏史诗1530首，读至项伯在鸿门宴上的表现时，写下“霸上孤军势莫支，鸿门一剑事尤危。射阳（即项伯）不与留侯旧，楚汉兴亡未可知”。项羽分封诸侯，本来只给了刘邦巴蜀险山恶水之地，欲将其困死，又是项伯收了刘邦的贿赂，劝项羽把汉中一并封给刘邦，致使刘邦将巴蜀命门牢牢掌握手中，不致坐困四川。项羽抓住刘邦老父，要将其杀掉，还是项伯劝项羽住手。项羽败亡后，项伯改姓刘，并受封为射阳侯，从项羽的遗老变成刘邦的新贵。

项羽在生命的最后一刻，也是被身边人彻底推向死亡深渊。乌江岸边，项羽以一人之力杀掉几百汉军，身受十余处重伤，但仍拼命冲杀，直至看见汉军骑兵司马吕马童。项羽对着吕马童大呼：这不是当年我身边的吕马童吗！吕马童却指着项羽告诉上司王翳：这就是项羽，咱们升官发财全靠他了。项羽见曾经的身边人都来要他的命，彻底心灰意冷，决意自刎。看到项羽自杀，王翳赶紧割下霸王头颅，吕马童和其他三人各砍下一块尸身。五人抱着项羽躯干向刘邦报功，均被封侯，吕马童被封为中水侯。西楚霸王的穷途末路，竟是被曾经信任的身边人分尸。

王夫之在《读通鉴论》中指出，成为刘邦心腹的是项羽叔父项伯；带兵追杀项羽的是他的故交吕马童；乌江畔至死追随项羽的30多名骑士，没有一个是他的亲朋好友。项羽之败，并不仅仅是不舍得封赏导致功臣出走转投他人，更是项羽只重用家里人、身边人导致的众叛亲离。

若夫项羽之所以失者，非吝封爵之故……为汉王之腹心者项伯也，其兄弟（实为叔父）也；追而迫之到者吕马童也，其故人也。从之于大败之余者三十余骑，而兄弟姻亚不与焉。怀慝求援，而终以孤立。非刓印不与者惎己而贼之，其亲戚之叛已久矣。

——《读通鉴论》

毛泽东对刘邦、项羽用人得失有过经典点评。据吴冷西回忆，1957年6月13日晚上，毛泽东曾和胡乔木、吴冷西在中南海丰泽园菊香书屋谈话，谈及领导的任务一是决策，二是用人时，就评说起汉代几个皇帝的优劣，称赞刘邦会用人。毛泽东说，“汉高祖刘邦比西楚霸王项羽强，他得天下一因决策对头，二因用人得当”。

项羽的用人之失，就是刘邦的用人之得。项羽对人才有功不赏，“于人之功无所记，于人之罪无所忘；战胜而不得其赏，拔城而不得其封；天下畔之，贤才怨之，而莫为之用”（郦食其语）；刘邦不吝封赏，“降城即以侯其将，得赂即以分其士，与天下同其利，豪英贤才皆乐为之用”（郦食其语）。项羽不听人言，“不能听采奇异，有一范增不用”（刘邵语），“距韩生之忠谏，背范增之深计”（段灼语）；刘邦从谏如流，“性明达，好谋，能听”（班固语）。项羽山头主义，“非项氏莫得用事”（郦食其语）；刘邦五湖四海，“能任其才而用之，听其言而察之”（曹植语）。有学者根据《史记·高祖功臣侯者年表》统计，西汉开国封侯者中，刘邦故旧和出身丰沛、芒砀山者只占30%，后来征战中陆续归附的占70%。正因如此，早期声望、实力远不如项羽，但在用人上处处和项羽反着来的刘邦，最终从容地唱着《大风歌》，与大臣们探讨用人之道。

汉文帝用人之失

作为西汉“文景之治”的开创之君，汉文帝刘恒在历史上的地位颇高，他与民休养生息，勤俭为政，废除肉刑，被誉为仁君。但在用人上，文帝显然不如高祖刘邦那样豁达大度，其识人之明、用人之度均不及其父，给后世留下许多深刻教训。宋人洪迈在《容斋随笔》中认为汉文帝“失材多矣”。

任而不用　贾谊早逝

文帝刚即位时，听说河南郡（今河南省洛阳市一带）守吴公的政绩在地方官中排名第一，将其征召回朝，提拔为廷尉，负责全国司法工作。吴公到长安后，又向文帝推荐了洛阳奇才贾谊。文帝任命贾谊担任博士官，以备政务咨询。

当时贾谊年仅二十余岁，博览群书，阅遍古今，对历史有深刻总结，对现实有真知灼见。文帝非常欣赏贾谊的才华，也想通过起用贾谊摆脱周勃、灌婴、冯敬等老臣的包围，在一年之内多次破格提拔贾谊，任命为高级政务官太中大夫。重用吴公、贾谊后，文帝又多次下诏让诸侯王、公卿、地方郡守举贤，以示朝廷对人才的重视。但选官用人不仅是把人才选拔上来，更重要的是用起来。

贾谊少年得志，为报文帝知遇之恩，提出了系统的礼乐制度改革方案；又上《论积贮疏》，建议推行重农政策。经过一段时间的考察，文帝觉得贾谊各方面都比较成熟了，决定提拔他为九卿之一。汉文帝刚提出动议，就遭到周勃、灌婴等老臣的集体反对。文帝顶不住压力，只得搁置提拔贾谊为公卿的动议。加上贾谊看不惯文帝宠宦邓通谨身媚上、吮帝痈疮的阿谀做派，多次在朝廷上讥讽邓通，由此逐渐被文帝疏远。

前元四年（公元前176年），贾谊外放，任长沙王太傅。诸侯王府属官在朝廷官员序列中处于被歧视的位置，贾谊这次调任，实属被贬。西汉刘向对此痛惜道："贾谊言三代与秦治乱之意，其论甚美，通达国体，虽古之伊（尹）、管（仲）未能远过也。使时见用，功化必盛。为庸臣所害，甚可悼痛。"

一年后，文帝突然想起贾谊，召他进京。贾谊以为文帝会让他汇报地方政事，谁料文帝问的却是鬼神之事。贾谊无奈，只好从平生所学中摘取一二，为文帝分析鬼神有无，一直讲到深夜，文帝还兴致盎然。交谈后，文帝一声长叹：朕已经好久不见贾谊，自以为学问已经超过他了，今天看来还是远远比不上！唐代诗人李商隐为此写诗讽刺道：

宣室求贤访逐臣，贾生才调更无伦。
可怜夜半虚前席，不问苍生问鬼神。

可惜文帝仍未重用贾谊，只是调他到梁国（今河南省商丘市一带）给喜欢读书的爱子梁怀王做太傅。梁国相对于长沙国，离长安更近。在中国古代政治中，距离首都越近的地区，越受到朝廷重视。从长沙国调到梁国，贾谊的政治境遇有所改善。

在梁国，贾谊继续关注朝廷政治和社会现实。当时汉朝内部各项制度还不完备且执行不力，诸侯王尾大不掉屡屡反叛中央，外部匈奴屡屡叩边形成巨大军事压力，且诸侯王有和匈奴相勾结的苗头。汉文帝前元六年（公元前 174 年），汉文帝的同父异母弟淮南王刘长企图北连匈奴，南结闽粤，发动叛乱，事发被逮捕后绝食而死。

淮南王事件发生的当年，贾谊给文帝上了中国古代历史上著名的《治安策》，指出表面上太平无事的天下，实际上危机重重，匈奴和汉朝的矛盾，地方诸侯王和中央朝廷的矛盾，农民和大地主、大工商业者的矛盾都开始激化，国家已经走到生死存亡的悬崖边上，朝廷却浑然不觉。针对矛盾问题，贾谊一一提出相应对策和补救措施，建议对诸侯国削强为弱，逐步分割诸侯王土地，分封其子孙，化大为小，化整为零；推行礼治，以德治国，以农为本，逐步化解社会各阶层之间的矛盾；在北方草原推行分化之策，瓦解匈奴部落，各个击破；加强对太子的培养；等等。

毛泽东评价《治安策》“是西汉一代最好的政论……全文切中当时事理，有一种颇好的气氛，值得一看”。柏杨在《现代语文版资治通鉴》中指出，“贾谊先生向刘恒先生上此书时，年方二十余岁，不过大学堂初入学的一个青年学生。如果说项羽先生二十余岁便创立一个统一的中国，是一位英雄，贾谊先生不过毛头小伙，写出具有特殊见解的政治评论，可谓一位奇才”。可惜文帝并没有采纳《治安策》中最重要的解决诸侯王的方案，即“众建诸侯而少其力”，导致儿子汉景帝时期的“吴楚七国之乱”。汉武帝时期推行的“推恩令”，要求诸侯王将封地分给自己的子弟，本质上是贾谊“众建诸侯而少其力”的继承和发展。

汉文帝前元八年（公元前 172 年）夏天，文帝不但不吸取淮南王事件的教训，反而因民间舆论讥讽他兄弟不相容，下诏将刘长的四个儿子全部封侯，其中刘安封阜陵侯。贾谊断定文帝早晚会封四侄为王，上书予以反对，劝文帝不要妇人之仁，否则必生后患。文帝再次不听。

汉文帝前元十一年（公元前 169 年）六月，梁怀王不小心坠马而死。贾谊身为太傅，自责不已，整天郁郁寡欢，加上长期不得志，心情抑郁，心力交瘁，身体健康受到极大损害。自知时日无多的贾谊，耗尽最后一点心力再次就诸侯王问题上书汉文帝，建议汉文帝如果不能下决心彻底解决诸侯王，那就扩大其亲儿子、太子的亲兄弟淮阳王刘武和代王刘参的国土面积，将淮南国并入淮阳国，改封刘参为梁王，使梁国封地北到黄河，淮阳国封地南到长江，从而连成一片，共同对抗齐、赵，钳制吴、楚，以确保文帝在位时和太子即位后不出大乱子。文帝有所触动，变通式采纳了贾谊的部分建议，改封淮阳王刘武为梁王，将北到泰山、南至高阳（今山东省高密市一带）的 40 余座县城全部划归梁国，算是对后事有所布局交代。

汉文帝前元十二年（公元前 168 年），一生怀才不遇的贾谊离世，年仅 33 岁。贾谊去世四年后，文帝将原淮南王刘长的儿子全部封王，其中刘安被封淮南王。贾谊去世十四年后，他生前最担心的事情终于发生，吴楚七国叛乱。幸亏文帝听从贾谊壮大梁国的建议，挡住了吴楚联军的西进之路，为平定七国之乱起到重要作用。贾谊去世四十六年后，汉武帝元狩元年（公元前 122 年），淮南王刘安走上了父亲刘长的老路，策划谋反。一切都如贾谊当年所料。

裴松之在给《三国志·吴书·钟离牧传》做注时曾引用名将

白起告诫秦昭王的话："非成业难，得贤难。非得贤难，用之难。非用之难，任之难"，成就大业并不难，难的是得到贤才辅佐；聚贤不难，难的是起用贤才；用贤不难，难的是对贤才始终信任如一。贾谊被文帝征召和弃用的一生，恰如白起此言。

清代学者袁枚认为，"生（即贾谊）用其所施，必远过晁、董"，贾谊的政治方案若能施行，其成就必远超晁错、董仲舒。清人汤鹏在其著作《浮邱子》中将文帝弃用贾谊与燕惠王废弃乐毅、楚怀王弃屈原、项羽不用范增等并列，叹息道："燕惠王有乐毅而不能用，楚怀王有屈平而不能用，项羽有范增而不能用，汉文有贾谊而不能用，唐德宗有陆贽而不能用，宋神宗有苏轼而不能用，此左右谮愬之罪也，此乾坤憾事也。"

毛泽东曾在1958年党的八大二次会议上叹息贾谊英年早逝，两次写诗赞扬贾谊。其一是《七律·咏贾谊》：

少年倜傥廊庙才，壮志未酬事堪哀。
胸罗文章兵百万，胆照华国树千台。
雄英无计倾圣主，高节终竟受疑猜。
千古同惜长沙傅，空白汨罗步尘埃。

其二是《七绝·贾谊》：

贾生才调世无伦，哭泣情怀吊屈文。
梁王堕马寻常事，何用哀伤付一生。

当然，也有学者认为贾谊一再被贬的原因，是他"有为"的政治主张，与文帝"无为"的治国思路相悖。清代学者翟灏在

《九畹史略·书东坡贾谊论后》中指出，“帝之材与生（即贾谊）相埒，而学则相左。生儒者，而帝习于黄帝老子之说也。生以权势法制进，而帝尚宽柔；生以经制礼乐进，而帝乐清净。若是者百投而百不合，虽从容言之奚益乎，虽有人乎君之侧奚济乎？”贾谊学术底色是儒家，文帝素习黄老之术；贾谊要求以权势法制治国，文帝崇尚宽和为大；贾谊要求制礼作乐，文帝喜好清净淡泊。无论贾谊提出的改革方案多么有先见之明，也无法契合文帝无为而治的治国方针，所以贾谊的遭贬实属必然。

鲁迅先生亦认为，“文帝守静，故贾生所议，皆不见用”。冯友兰先生在《中国哲学史新编》中也持同样观点：“贾谊对于当时政治的批评和建议是很多的，汉文帝本来打算重用他，可是没有实行，只叫他到长沙做长沙王的太傅，实际上是调他离开中央政府，不要他干预中央的政治。据说这是因为当时老一辈的大臣不喜欢他，这恐怕不是真正的原因。真正的原因恐怕是汉文帝的政治方向是‘无为’，贾谊的政治方向是‘有为’”。

当然，贾谊本人恃才傲物、性情狷介，“不善处穷”，又自许不逊，也是其不容于世的原因之一。正如苏轼所言，“贾生，王者之佐，而不能自用其才也。贾生志大而量小，才有余而识不足也”，“非汉文之不能用生，生之不能用汉文也”。

就在贾谊从朝廷下放到长沙国的同时，刘邦当年抛弃前嫌旧怨树立的忠诚典型季布，也被文帝折腾了一回。

听信谗言　季布受疑

汉文帝前元四年（公元前 176 年），文帝听说河东郡（今山西省夏县一带）郡守季布政绩优异，征召他进京，准备提拔为御史大夫，掌全国最高监察机构御史府。季布刚从河东启程，就有人秘密报告文帝，说季布虽然打仗勇猛，但酗酒成风，不太适合在皇帝身边工作。季布到长安住了一个月，文帝只和他见了一面，说了几句不痛不痒的话，要打发他回河东。

季布政治嗅觉极其敏锐，就问文帝：臣在河东任职，陛下无故把臣叫到京城，来了后没说有什么事，又打发臣回去，臣猜测可能是有人过于夸大了我在河东的政绩，向您推荐了我，您想重用提拔我；臣从河东一路奔波赶过来，刚到长安您又让臣回去！臣猜想，肯定是有人诋毁臣，说臣不能重用。“陛下以一人之誉而召臣，以一人之毁而去臣，臣恐天下有识闻之，有以窥陛下之浅深也”。文帝听后，羞愧地低下了头，过了好长一会儿，抬头对季布说：河东地区是防备匈奴、拱卫京师的前哨阵地，所以把你叫过来，了解一下情况。君臣互相悻悻而别。

王夫之在《读通鉴论》中评论此事：季布其人不适合御史大夫的岗位。“以一人之誉而召季布，以一人之毁而遣季布，天下将窥其浅深。虽然，何病？人主威福之大权，岂以天下莫能窥为不测哉！布之悻悻于罢去，而仰诘人主以取快，其不足以为御史大夫，明矣。使酒难近之实，自露而不可掩矣。”文帝的过失，是轻率征召季布，而不是当机立断终结其御史大夫的任命，“文帝之失，轻于召布也，非轻于罢布也。慎用大臣而不吝于改过，闻人之言，迟之一月，而察其非诬，默然良久，而曰：‘河东吾股肱郡，故特召君。’所以养臣子之耻也，非惭也。如其惭邪，抑以轻于召布而愧其知人之不夙也。”文帝应为其不知季布其人实质而感到惭愧，而非为不用季布羞愧。

计较小节　冯唐易老

汉文帝前元十四年（公元前166年），匈奴攻入陕西，侦察骑兵突击到距长安仅18公里的甘泉（今陕西省淳化县一带）。此事对文帝触动较大，有一天他和侍卫长冯唐提及秦末有个叫李齐的大将，既能打胜仗又听指挥，不由叹道：朕手下怎么就没几个能征善战的将军顶住匈奴呢？

冯唐对文帝说，李齐比起廉颇、李牧，不知差了多少。文帝长叹一声，言道："如果本朝有廉颇、李牧，何忧匈奴不灭！"未料，冯唐却说："陛下虽得廉颇、李牧，弗能用也。"文帝怒斥冯唐："你凭什么说朕不能用廉颇、李牧那样的将才？"冯唐回道：古时明君拜将时，都会给将军充分的尊重信任，将在外君命有所不受；军功的赏罚、爵位的升降，都由将军根据将士的战场表现自主确定，君主都批准同意。李牧为赵国守边时，战区内设立市场，赚来的钱全部用来犒赏将士，赏给谁、赏多少，全部是李牧说了算，从未听说过朝廷还要进行审核的事。"委任而责成，故李牧乃得尽其智能"，正因为赵王对李牧放手任用，李牧才能打得匈奴人不敢南下牧马，更不要说还敢来长安边上。

说完，冯唐话锋一转，谈起本朝的魏尚：我听说云中郡（今内蒙古自治区托克托县一带）守将魏尚，也和李牧一样，设立市场，用经营利润贴补将士，还用他自己的俸禄改善将士幕僚伙食待遇。匈奴人打仗从来都是绕着云中走，有次误闯到云中城下，魏尚尽斩敌军。只是在报功时多数了六个人头，朝廷驻军小吏就将魏尚罢官夺爵，还判处一年徒刑。这一切没有您同意，有关部门敢这么对待前线大将吗？"臣愚以为陛下赏太轻，罚太重"，所以臣才说，即使有廉颇、李牧那样的大将，您也不会用！

文帝接受建议，当天就派冯唐手持赦免诏书，将魏尚放出来，重新任命为云中郡守将。冯唐劝文帝赦免魏尚之事，成为中国古代被贬官员的向往。正如苏轼在《江城子·密州出猎》一词中所言，“持节云中，何日遣冯唐？”

文帝提拔冯唐为车骑都尉，主管长安警备区战车及骑兵部队，以表彰他对自己用人思路的规劝。但他对冯唐的任用也仅此而已，终文帝之世，未再对冯唐有任何提拔。景帝时期，冯唐被外放楚国为相，不久不知何故将其免职。武帝即位后，下诏百官举荐贤才，有人推举冯唐，可冯唐已是九十岁的耄耋老人，虽有致君尧舜之心，却已无鞠躬尽瘁之力。

冯唐成就了魏尚，自己却宦途坎坷，成为官场中人不得志的代名词，以致唐代诗人王勃在著名的《滕王阁序》中用“冯唐易老”来暗喻个人宦海艰难。

人岗不匹　盲目提拔

文帝时期，张释之是个长期被埋没的人才，任低级军官骑郎十年未有任何提拔，已准备辞官。时任御林军副将袁盎素知张释之贤能，就赶紧向文帝推荐。文帝提升张释之为谒者仆射，主管机要传达事务。

一天张释之陪同文帝视察上林苑。参观虎圈时，文帝问上林苑长官上林尉：苑里关着多少飞禽走兽？除此之外，还一连问了十来个其他问题。上林尉张口结舌、面红耳赤，一个也回答不出。虎圈啬夫即老虎饲养员在一旁回答了文帝的问题。文帝又把上林苑饲养动物的情况悉数问遍，啬夫回答得头头是道。

文帝大为赞叹啬夫“吏不当若是邪！尉无赖”，官员不就应该像这样吗？！上林尉简直是窝囊废，还比不上饲养员。文帝当即决定破格提拔啬夫为上林尉，让张释之起草诏书。

张释之没有立即执行文帝的命令，而是反问文帝：“陛下您觉得绛侯周勃这个人怎么样？”文帝说：“那是忠厚长者。”张释之又问：“那您觉得重臣张相如呢？”张相如跟随刘邦南征北战，曾参与平定陈豨叛乱，后又任大将军与匈奴苦战月余，将其逐出塞北，汉文帝认为他也是忠厚长者。

张释之继续循循善诱问道：“陛下英明，对周勃、张相如都做出了忠厚的评价。他们平时看起来木讷，可工作起来雷厉风行，那是君子敏于行而讷于言，哪是啬夫伶牙俐齿巧言令色能比的。而且陛下您的用人方针怎么能学亡秦呢？当年秦朝重用刀笔吏，把苛察当作能干。刀笔吏只会写华而无实的公文报告，不求实效。长此以往，朝廷根本了解不到自身的过错，逐渐衰落以致土崩瓦解。今天陛下您重用能言善辩的啬夫，臣恐怕官员会群起而效之，争着在汇报工作上下功夫，而不去在具体干事上用力。下级官员受上级官员喜好的影响，比影子受身体的影响都要更快更明显。陛下您提拔谁贬斥谁，不可不慎重啊！”文帝恍然大悟，撤销了对啬夫的任命。清康熙帝对张释之的观点亦表示认同，“啬夫利口，足动一时之听。张释之恐天下闻风而靡，咸以口给，希进深识治体之言，汉廷诸臣皆所不及”。

张释之一番话，让文帝对他刮目相看。回宫路上，文帝把张释之叫上车，让他详细说明秦朝在选人用人和其他方面的弊端，以及汉朝需要汲取的教训。张释之一一作答，深得文帝欢心。回宫后，文帝提升他为公车令，负责汇总收发全国机要信息事务。

1957 年 4 月，毛泽东在同人民日报社负责人等谈话时，认为“文帝、景帝只是守成，是维持会，庸碌无能”。同年 6 月，毛泽东又曾对吴冷西、胡乔木等人评价文景二帝，认为他们“乃守旧之君，无能之辈……没有什么可称道的”。吕思勉亦认为“所谓文、景之治，汉人所言，亦颇有过其实者”。文帝、景帝在用人上的失误，无疑是史家得出这一结论的重要因由。三国荀悦对此总结道，“以孝文之明，大朝之治，百僚之贤，而贾谊见排逐，张释之十年不见省，冯唐首白屈于郎，岂不惜哉！夫以绛侯之忠，功存社稷，而犹见疑，不亦痛乎”。

汉武帝用人

毛泽东在给《伦理学原理》做批注时，曾将汉武帝时期的用人状况，与战国时代、楚汉相争时期、三国历史相提并论，“赞叹战国之时，刘项相争之时，汉武与匈奴竞争之时，三国竞争之时，事态百变，人才辈出，令人喜读”。汉武帝将国力推向鼎盛，得益于董仲舒对选官用人制度的改革建议。

仲舒建策　察举选才

建元元年（公元前 140 年），或许是中国历史上具有永久魅力的一年。其魅力在于朝廷已认识到功臣政治的弊端，开始探索在更大范围内选拔人才的机制，不再将官员的选拔只局限于少数功臣世家中，试图建立一种相对固定、畅通的选官渠道，为被世家子弟垄断的官场注入新鲜血液。

年仅 16 岁的武帝求贤若渴，登基不到一年，向天下发出求贤令，“招集天下贤俊”，征求“贤良方正”和“直言极谏”之臣。武帝对各地举荐的一百余人才亲自策问，其中董仲舒的回答最让武帝满意。

董仲舒专攻春秋学，对汉朝面临转型的历史方位和存在的主要问题都有清醒认识。在对策中，他系统提出了推行儒术、严明法度、加强中央集权的建议，重点落在人才的培养和选官制度的调整。

在培养人才上，董仲舒指出，平时不注重人才的培养，而想在关键时刻遴选出贤能之士，就相当于不去雕琢玉石而要求其呈现美丽光泽。培养人才的最有效方法，莫过于兴建太学，使之成为人才的集聚之所、国家的重要智库、天下风俗的重要引领。太学设立后，可择天下名师育四海英才；同时让他们多关注社会现实，培养其解决实际问题的能力。如此用不了多长时间，朝廷定会人才济济。

董仲舒提出设立太学培养官员队伍后备力量，针对的是当时汉朝地方吏治恶化的问题。董仲舒认为，郡太守和县令，既是朝廷命官，又是百姓表率，一言一行都关系社会教化、伦理人心。

那这些地方官是怎么被选拔上来的呢？董仲舒指出，他们大都出自富人或世家子弟，未必贤能。更有甚者，有些人的升迁提拔不是靠能力而是靠资历。

对此，董仲舒提出的解决方案是：请各诸侯王、各郡太守和二千石级别的高级官员，每年从当地和属员中推荐两名人才给朝廷，建立官员储备库。这些人可以一边在太学学习，一边在皇帝身边和朝廷各部门参与处理实际政务。通过举荐人才也可以观察大臣贤

> 使诸列侯、郡守、二千石各择其吏民之贤者，岁贡各二人以给宿卫，且以观大臣之能；所贡贤者，有赏，所贡不肖者，有罚。夫如是，诸吏二千石皆尽心于求贤，天下之士可得而官使也。遍得天下之贤人，则三王之盛易为，而尧、舜之名可及也。毋以日月为功，实试贤能为上，量材而授官，录德而定位，则廉耻殊路，贤不肖异处矣！
>
> ——《资治通鉴》卷十七

能与否，如果大臣举荐上来的都是品行优异、能力卓越之辈，那就要重赏；如果推荐上来的尽是庸碌之人甚至无耻之徒，则要严惩不贷。选官用人奖惩体制建立后，大臣都会以求贤为务，朝廷便可从容择天下英才而用之。有了人才支撑，陛下您定能超越三皇五帝，功盖尧舜禹汤。地方郡守县令或朝廷重要岗位有空缺，就从官员储备库中选拔，将他们派到地方，在急难险重的任务中考察能力。一定不要把资历作为升迁标准，而是根据才能提拔，依据品行升迁。

董仲舒对策的价值，在于建议武帝建立常规性的人才选拔制度，以太学为基础，通过“岁贡二人”制度选拔培养人才，对官员队伍逐步进行更新换代，改变过去靠资历晋升的提拔机制。董仲舒提出了改革选官用人制度的整体方案，深得武帝赞许，被提拔为江都国（今江苏省扬州市一带）丞相。

但董仲舒的改革方案只是适应了当时形势所需，亦无法解决所有选官问题。比如，官员升迁是否应以资历为主的问题，成为中国古代选官用人制度一直反复且无法突破的重要难题，在此后历代关于选官制度改革讨论中，被反复提及、争论，并深刻影响中国古代选官制度的改革取向。此外，建立地方定期向中央推荐人才的制度，某种意义上，等于从制度层面将用人权下放到地方。

元光元年（公元前134年）十一月，武帝下诏“初令郡国举孝廉各一人”，作为后备官员储备，察举制度正式建立。阎步克先生在其《察举制度变迁史稿》中评价察举制，是“汉代选官制度的主体”“科举制的前身与母体”。

察举制度建立后，在执行过程中出现落实不力问题，有些地方郡守出于各种顾虑，不向朝廷举荐一人。元朔元年（公元前

128 年），武帝又下诏督促，指出“十室之邑，必有忠信；三人并行，厥有我师”，地方官不推荐人才或是当地教育水平低下，或是主政官员嫉贤妒能；再次重申进贤者受赏，压制人才者受罚甚至诛杀；制定对中高级官员不举荐人才的处罚细则，“不举孝，不奉诏，当以不敬论；不察廉，不胜任也，当免”。

招选才智　待以不次

在察举制度落地过程中，公孙弘的升迁经历最为典型，他成为西汉选官用人从功臣政治全面转向平民政治的关键转捩点。

公孙弘早年在淄川国（今山东省寿光市一带）监狱做狱吏，后因故被罢官，靠养猪维持生计。40 岁时，公孙弘投奔到齐地儒学大师胡毋生门下专心研习春秋学，经过二十年寒窗苦读，60 岁时被淄川国推荐，和董仲舒一起参加建元元年贤良对策，获博士职位，后又因事惹怒武帝辞职回乡。

元光五年（公元前 130 年），朝廷要求地方郡国察举人才，淄川国再次推荐公孙弘。70 岁的公孙弘通过察举制度的选拔渠道再次获得任官机会。因对策写得最合圣意，被武帝亲自定为第一名，再次出任博士。公孙弘在博士岗位上任职一年后外放任长安地区行政长官左内史，三年后出任最高监察机关御史府长官御史大夫，元朔五年（公元前 124 年）十一月，以 76 岁高龄出任丞相，并受封平津侯。

公孙弘是西汉开国以来第一个先拜相再封侯的平民丞相。司马光点评道：“丞相封侯自弘始。”公孙弘之前的丞相，大都是功臣及其子弟，在拜相之前已拥有爵位。公孙弘拜相标志着汉代功臣政治的落幕，平民官员地位上升，在一定程度上也意味着西汉王朝从立国初期的世家政治向官僚政治转型。

公孙弘拜相封侯，是朝廷向天下读书人昭示，读经是入仕的门径，察举是晋身的阶梯，由此“天下学士靡然乡风矣”。公孙弘在宰相府东阁设立专门机构招揽人才，建议武帝“为博士官置弟子五十人”，免除他们的徭役赋税，使他们安心向学；学成后，根据考核成绩高低和专长，分别担任郎中、文学、掌故等官，特别优秀的破格使用，成绩低劣的一律开除；下级官员中有通晓儒家任何一经者，可破格拔擢到高级官位。汉武帝采纳了他的建议。

公孙弘择儒生为官的建议，为广大儒生开辟了较为顺畅的规范化入仕途径，“自此公卿、大夫、士、吏彬彬多文学之士矣”。明人于慎行在《读史漫录》中评价道，“汉武表彰儒术，公孙弘之力也……为是劝学有文之典，遂为历代所祖。其实自弘发之，可谓有功于经术者矣”。由此，西汉官员文化素质大为提高，官员队伍成分背景发生显著变化。金人刘祁在《归潜志》中言道，“迨至武帝，天下混同，士风一变，以学问为上，故争尚经术文章，一时如公孙弘、董仲舒、二司马、枚乘之徒出，文物大备”。

武帝以察举制为突破口，大开入仕之门，通过各种途径从社会底层广纳贤才，破格提拔。武帝的用人思想，鲜明地体现在元封五年（公元前106年）下发的求贤诏书上。

武帝笃信“盖有非常之功，必待非常之人”，只有“非常之人”才可建立“非常之功”。而“非常之人”一般会有各种缺点，“故马或奔踶而致千里，士或有负俗之累而立功名”，烈马可日行千里却往往桀骜不驯，建功立业之人却经常为世俗所累，这就需要主政者力排众议，慧眼识才。“夫泛驾之马，跅弛之士，亦在御之而已”，只要有合适的驾驭之道，烈马能调教成千里马，放浪不羁之才亦可为朝廷所用。

全国士人受此激励，纷纷上书讨论朝廷政治得失，毛遂自荐。司马谈评价武帝的用人格局是“博开艺能之路，悉延百端之学，通一伎之士，咸得自效”。武帝身边聚集了来自全国各地的翘楚才俊，呈现出天下英雄莫不归往的态势。清代史学家赵翼在《廿二史劄记·上书召见》中亦认为，“史称武帝招英俊，程其器能，用之如不及，宜乎兴文治，建武功，为千古英主也……帝之度外用人如此，而当时禁网疏阔，怀才者皆得自达”。

武帝慧眼辨才，从上千名士子中选出特别优异者如朱买臣、司马相如、东方朔、枚皋、终军等予以擢用。这些人以文辞辩论见长，武帝常让他们和朝廷重臣讨论问题，双方各自发表意见，大臣们往往甘拜下风。但他们实际行政能力并不突出，多靠文章、辩才被武帝赏识，未担任实职。司马相如、东方朔等人也并非完全于国事无补。司马相如曾奉命出使西南地区夜郎等国，靠辞赋和辩才吸引西南少数民族部落归附汉朝；东方朔发挥诙谐幽默特长，经常就朝政对武帝进行规劝，让武帝在大笑中有所醒悟。用其所长，是武帝的用人智慧。

武帝也很注意发现身边的人才，汲黯就是典型。汲黯最初在武帝身边担任礼宾官，性情严肃，不苟言笑，长期默默无闻。有一次河内郡（今河南省沁阳县一带）发生火灾，烧毁上千家房屋，武帝派汲黯视察灾情。汲黯回来报告说：“河内火灾只是普通事件，没什么大不了。值得朝廷关注的是河南（今河南省洛阳市一带）的灾情，臣路过河南时，看到当地百姓因水旱灾害饥寒交迫，甚至有父子相食的现象。鉴于灾情严重，再不救济就会引发社会动乱，臣来不及请示，就私自代表朝廷下令河南官府开仓放粮，赈济灾民，还请陛下赐罪。”武帝听后，丝毫没有怪罪，反而对汲黯予以充分肯定。

通过此事，武帝发现汲黯在迎来送往之外，还有治官理民的能力，就把他外放为东海郡（今山东省临沂市一带）刺史。汲黯一年就把东海郡治理得井井有条，武帝又把他调回朝廷，出任主爵都尉，负责诸侯国国王及其子孙爵位事务。有近臣曾向武帝评价汲黯：如果将汲黯当成普通官员来看待，只把他放在普通职位上，其政绩不会超过别人；但在面临重大考验时，如辅佐幼主、临危受命等，他一定不辱使命。武帝亦评价道，“古有社稷之臣，至如黯，近之矣”。宋人李新也认为汲黯“其位不在萧（何）、曹（参）下，其智谋出张良、陈平上，其戆直非王陵、周昌比”。

在汲黯一事上，可以看出武帝对官员的培养选拔方式，即先通过重要工作观察其能力才干，随后在地方主官位置上进行全面锻炼，再调回朝廷出任重要职务。宋人洪迈在《容斋随笔》中对此评价道，“其于除用郡守，尤所留意”，武帝对地方官的任用尤为重视。在内政修平的基础上，武帝果断选拔卫青、霍去病等将才，统筹对匈奴的军事斗争。

卫青的姐姐卫子夫被武帝宠幸并封后，卫青、霍去病最初被起用，确因裙带关系。但他们后来在沙场上的战功，充分证明了他们卓越的军事能力。他们发动与匈奴的战略决战，歼灭匈奴九万余人，使其再无力量成规模南下侵扰中原。特别是汉武帝为嘉奖霍去病为其建造宅第，霍去病“匈奴未灭，何以家为”的豪迈壮语，更体现了他忠君报国、为国忘家的高尚品格。

武帝根据每个将领的不同特点，采用相应手段加以引导、控御、使用，赏罚分明，让他们都能充分发挥军事才能，取得了对匈奴战争的决定性胜利。王夫之评价道：“卫青、霍去病、李广、程不识、苏建、公孙敖之流，皆拔起寒微，目未睹孙（子）、吴（子）之书，耳未闻金鼓之节，乃以用其方新之气，而威行乎朔漠”。

赵翼在《廿二史劄记·汉武用将》中，认为武帝用将善于“长驾远驭”，拔擢将才不论门第、不拘一格，赏罚分明，不计小过；有恃宠而骄、居功自傲者，则挫其锋芒，让其收敛心性，再立新功；对畏敌如虎、瞒报军情、谎报军功者，杀无赦。赵翼赞道，武帝“驾驭豪杰如此，真所谓絛旋在手，操纵自如者也……赏罚严明如此，孰敢挟诈避险而不尽力哉？史称雄才大略，固不虚也”。宋人洪迈在《容斋随笔》中评价“武帝赏功，必视法如何，不以贵贱为高下，其明白如此”。

卖官敛财　杀伐过速

对匈奴的连年战争虽解决了外患，但也带来了巨大损耗，国库几乎完全被掏空。在财政重压之下，武帝打起了选官制度的主意，下诏允许百姓购买爵位。买卖爵位不是武帝首创，秦始皇和汉文帝、汉景帝都因形势需要而实行过，但售卖的只是荣誉性的虚衔，如钱大昕在《廿二史考异》中所言，“此卖爵，非卖官也……盖假以虚名，未尝列于仕籍”，买爵之人并不进入朝廷官员序列。武帝时期，虚衔爵位已大肆泛滥，调动不起百姓的购买欲望。为激发购买力，武帝竟打通了虚衔爵位与正式官职系统的互通渠道，规定凡是买到第七级“千夫”级的，可以优先出任朝廷中低级官吏。武帝的卖官行为严重损害了朝廷的政治生态，“吏道杂而多端，官职耗废”，破坏了选官制度的严肃性，极大恶化了官场风气。

武帝在用人上另一不足之处，就是杀伐过速，不尊重官员的政治生命，视人才如草芥。司马光对此评论道，“上招延士大夫，常如不足；然性严峻，群臣虽素所爱信者，或小有犯法，或欺罔，辄按诛之，无所宽假”，批评武帝在招揽人才时如饥似渴，唯恐不足，但对下刻薄寡恩，就算平时非常信任重用的大臣，只要犯下一点小过失，就被诛杀，无所宽贷。武帝在位五十五年，共任用13名丞相，大部分人的任职时间只有一两年。13人中1人在武帝死后留任，剩下的12人中，非正常死亡的有7人。丞相尚且如此，更遑论其他一般中高级官员。

元狩三年（公元前120年），汲黯和武帝对此有过一段对话，汲黯批评武帝：“陛下求贤甚劳，未尽其用，辄已杀之。以有限之士恣无已之诛，臣恐天下贤才将尽，陛下谁与共为治乎！”陛下您选拔人才不遗余力，但还没等人才充分发挥聪明才智，您就因为一点小事把人杀掉。以有限的人才供您无限的杀戮，人才总有一天被您杀完。到时谁辅佐您治理国家呢！

武帝言道：“何世无才，患人不能识之耳，苟能识之，何患无人！夫所谓才者，犹有用之器也，有才而不肯尽用，与无才同，不杀何施。”这世上从来不缺人才，怕的是发现不了。只要细心发掘，还怕没人才？如同有用的器物，有才能却不尽心尽力，与无才没有什么不同，不杀他留着有何用！武帝的语气，让人不寒而栗，专制帝王的残暴跃然纸上。武帝对李陵的处置，是其刻薄寡恩的典型事例。

李陵是名将李广之孙。天汉二年（公元前99年），李陵率五千步兵深入匈奴腹地，转战千里，战果累累，后被匈奴八万骑兵围困，连战八天八夜，箭尽粮绝，被迫暂且诈降，以图后举。钱穆先生曾称赞道，“李陵之才气，及其全军之勇决，令千载下读史者想慕不已”。但武帝恼怒李陵不杀身成仁，竟诛杀其三族。李陵被迫假戏真做投降匈奴，受封右校王，彻底与汉朝断绝关系。武帝对待人才的刻薄寡恩，最终造成了李陵与汉朝的家国悲剧。近代史家蔡东藩先生认为武帝在李陵之事上难辞其咎，“李陵不死，适成为叛。要之，皆武帝轻使之咎也……陵亦将才，乃使之沉沦朔漠……读史者应并为汉廷惜矣”。

巫蛊之祸 用人转型

对匈奴战争取得决定性胜利之后，亟须调整国策，纾解因长期战争带来的民生压力。用人政策的调整是推动国策转向的保障。武帝对此有清醒的认识，主要体现在对太子刘据的态度上。太子刘据喜好文治，性格仁恕温谨，朝中“群臣宽厚长者皆附太子”。武帝虽不喜刘据的性格，认为“子不类父”，但仍保住刘据的太子地位，其目的是通过刘据的接班，调整国策。

武帝曾和太子的舅舅卫青进行过深度交心。武帝坦言：“汉家庶事草创，加四夷侵陵中国，朕不变更制度，后世无法；不出师征伐，天下不安；为此者不得不劳民”，“若后世又如朕所为，是袭亡秦之迹也”。太子“敦重好静，必能安天下，不使朕忧”，“欲求守文之主，安有贤于太子者乎？”

这次交心后，刘据的太子地位暂时得到稳固。武帝在外地巡幸期间，经常让刘据主持朝政，尊重太子对朝政的处置意见。刘据多次劝武帝不要过分使用武力，武帝言道，“吾当其劳，以逸遗汝”，我替你安定天下，以后你就可以安享太平了。武帝此语，说明他仍幻想通过武力彻底一举解决匈奴问题，并未认识到汉匈相处近百年，不是靠几次战争就能彻底征服匈奴，长期战争反而会使汉朝陷入国穷民困的境地。

卫青去世后，太子失去重要支持；同时，随着太子政治上不断成熟，周围集聚了一批臣僚，加之武帝与太子本来性格迥异，在对匈奴战争的态度上又有分歧，多种因素导致父子间的关系发生着微妙的变化。武帝晚年疑心过重，经常怀疑有人行巫术诅咒自己，任用江充查办此事。江充借机诬陷太子，太子无法自明，被迫矫旨捕杀江充。武帝愤怒，派兵围捕太子，太子兵败自杀，数万人因此而死，史称“巫蛊之祸”。

第二年，武帝及时醒悟，深知太子蒙冤，起用为太子讼冤的田千秋等主张宽和为政的官员，开始调整国策，停止对外征伐。征和四年（公元前89年），桑弘羊等上书，建议在轮台（今新疆轮台县）戍兵以备匈奴。武帝驳回桑弘羊等建议，并颁布中国历史上著名的罪己诏——轮台诏书，反思自己，称：“朕即位以来，所为狂悖，使天下愁苦，不可追悔。自今事有伤害百姓，靡费天下者，悉罢之。”封田千秋为富民侯，任用农业专家赵过为搜粟都尉，主管农业生产。武帝最终通过用人路线的调整，将汉朝从土崩瓦解的边缘挽救回来。

武帝时期用人成果灿烂夺目，班固在《汉书》中对此进行了全面总结：“汉兴六十余载，海内艾安，府库充实，而四夷未宾，制度多阙。上方欲用文武，求之如弗及，始以蒲轮迎枚生，见主父而叹息。群士慕向，异人并出。卜式拔于刍牧，弘羊擢于贾竖，卫青奋于奴仆，日磾出于降虏，斯亦曩时版筑饭牛之朋已。汉之得人，于兹为盛，儒雅则公孙弘、董仲舒、兒宽，笃行则石建、石庆，质直则汲黯、卜式，推贤则韩安国、郑当时，定令则赵禹、张汤，文章则司马迁、相如，滑稽则东方朔、枚皋，应对则严助、朱买臣，历数则唐都、洛下闳，协律则李延年，运筹则桑弘羊，奉使则张骞、苏武，将率则卫青、霍去病，受遗则霍光、金日磾，其余不可胜纪。是以兴造功业，制度遗文，后世莫及。”

武帝一手发现、培养并提拔出来的人才，既有董仲舒、主父偃、汲黯、公孙弘、朱买臣、郑当时等谋略智囊，也有霍光、桑弘羊、桓宽、徐伯、东郭咸阳、卜式、李延年等行政管理、经济、农工、科技人才；既有张骞、苏武等外交人才，也有司马迁、司马相如、孔安国、东方朔、文翁、兒宽等思想、文化、教育人才，更有卫青、霍去病、李广、程不识、赵食其等闪耀将星。虽有卖官鬻爵等政策失误，但总体上瑕不掩瑜。司马光评价武帝“能尊先王之道，知所统守，受忠直之言，恶人欺蔽，好贤不倦，诛赏严明”，“晚而改过，顾托得人”，“所以有亡秦之失而免亡秦之祸”。苏轼亦认为，“古之人，惟汉武帝号知人。盖其平生所用文武将帅、郡国边鄙之臣，左右侍从、阴阳律历博学之士，以至钱谷小吏、治刑狱、使绝域者，莫不获尽其才，而各当其处”。王夫之在《读通鉴论》中感叹“武帝之知人卓矣哉”！

汉宣帝与“良二千石”

汉宣帝刘询在中国历史上比较特殊，几乎是唯一一个在王朝中期以底层平民身份继位的皇帝。他是武帝曾孙、废太子刘据之孙，尚在襁褓时因“巫蛊之祸”收系监狱，险被处死。后遇大赦，出狱后为祖母史家抚养。虽恢复宗正属籍，但一直流落民间。他少年时曾在关中地区游历，对民情冷暖、百姓疾苦和吏治得失都有较深刻的观察。长期的民间生活经历，使得宣帝在选官用人上异常看重官员的基层工作经验，重视“良二千石”即优秀刺史、太守、诸侯国丞相等地方官员的选任。

稳定任期　就地提拔

元平元年（公元前 74 年）四月，汉昭帝驾崩，因无子嗣，辅臣霍光等人立昌邑王刘贺为帝。后因刘贺无人君之德，将其废黜，改立刘询为帝，是为汉宣帝。即位初期，仍由霍光辅政。

> 及拜刺史、守、相，辄亲见问，观其所由，退而考察所行以质其言，有名实不相应，必知其所以然。
>
> ——《资治通鉴》卷二十四

宣帝亲政后，励精图治，因长期生活在底层，对“良二千石”即地方刺史、太守、诸侯国丞相尤其重视。朝廷选派刺史、太守、诸侯国丞相，宣帝都要亲自和他们谈话，观察他们的谈吐和理政思路。等到年终或任满考核时，深度考察他们在任上的政绩，将所说与所行一一对照。对言行不符者，必查缘由。

宣帝经常语重心长对百官说：朕来自民间，知民事之艰难。百姓安居乐业，没有叹息仇恨的心理，根本在于地方政治清明、执法公平。和朕一起治理天下的，是刺史、太守、诸侯国丞相这些主政一方的大员啊。

宣帝重视稳定地方太守任期，他认为“太守，吏民之本，数变易则下不安”，太守是地方治理的基石，如果经常更换，易于助长官员急功近利心态，致使地方治理缺乏持续性，间接助长跑官要官等不良风气；吏员看到官员不能久任，就糊弄他，使地方官无法了解基层实际情况。如果地方官任期稳定，“民知其将久，不可欺罔，乃服从其教化”，胥吏和百姓就不敢欺瞒敷衍，服从地方官的教化。

基于对基层治理的深刻体察，宣帝对地方官的培养使用提拔进行改革。“二千石有治理效，辄以玺书勉励，增秩、赐金，或爵至关内侯”，刺史、太守、诸侯国丞相在任上成绩卓越，先不急于提拔他们担任更高层次的官职，而是下诏书在全国范围内予以通报表扬，提高其俸禄，赐予爵位，甚至授予关内侯侯爵让他们在当地留任。“公卿缺，则选诸所表，以次用之”，等到中央各部门官员出现空缺，则根据地方官受封爵位的高低、通报表扬次数的多少等考核情况，依次予以擢用。在这一选官用人制度下，宣帝一朝涌现出众多“良二千石”，即优秀刺史、太守、诸侯国丞相，又为选拔御史大夫、丞相等朝廷高级官员奠定了人选基础。史称：“是以汉世良吏，于是为盛，称中兴焉”。

南宋史学家钱时在《两汉笔记》中高度评价宣帝这一做法，认为："宣帝亲政而以太守吏民之本，可谓知所务矣。夫太守数易，岂止下不安而已乎。是故，欲致治，非久任不可。欲久任，非择贤不可。数迁数易，如寄传舍，政何由成，化何由洽也。至有治理效则玺书勉励，增秩赐金，公卿阙则选诸所表，以次用之，此意尤善……宣帝致中兴之治，其有以哉。惜乎！所谓良吏止汉世人物，而治亦止于汉耳。"

宣帝能够收拾汉武帝晚年残局，避免"亡秦之失"发展为"亡秦之祸"，把汉朝盛世推向一个新的高峰，与众多"良二千石"的集中出现是分不开的。《汉书·循吏传》共有六人入传，其中五人出自宣帝朝。王夫之在《读通鉴论》中评价道，"宣帝重二千石之任，而循吏有余美"，"天子慎于二千石之予夺，而治道毕举"。在宣帝朝的"良二千石"中，尤以黄霸、萧望之、龚遂、尹翁归等人最为知名，在《资治通鉴》中被大书特书。

宽和容错　及时起复

霍光辅政时期，仍坚持武帝峻法厉下的思路，重用执法生硬的官员。在这一用人导向下，官吏们都争相以严苛为荣。时任河南郡太守黄霸在执法时以宽大为怀，对百姓以平和为本，成为官场上的一股暖流，后世唐人李翰就称许"黄霸政殊"。宣帝听说黄霸政绩后，在即位第二年，破格提拔他为最高司法机关副长官廷尉正。

黄霸对百姓宽和，宣帝对黄霸亦是宽仁，在几次因事贬官后都能很快起复重用。黄霸任廷尉正不久，受人牵连下狱，大赦出狱后，宣帝重新起用他为扬州（今江苏省扬州市一带）刺史。黄霸在扬州治绩卓越，年度考核名列上等，宣帝特下诏表彰，升迁其为二千石级别的颍川郡（今河南省禹州市一带）太守。

在人事问题上，黄霸“务在成就全安长吏”，致力于稳定下属官职，不轻易调动。颍川郡下属的许县（今河南省许昌市一带）县丞年老耳聋，郡里欲将其辞退。黄霸不许，说县丞是清廉之人，虽然身体不好，但没有耽误工作，让他再留任一段时间。有人问黄霸：如此厚待许县县丞，仅仅是因为关爱老吏吗？黄霸说：“数易长吏，送故迎新之费，及奸吏因缘，绝簿书，盗财物”，不断调整官员，免不了有迎来送往的花费；而且在新旧交接之时，一些舞文弄法的小吏就会趁机修改账本，盗取官府财物。“公私费耗甚多，皆当出于民”，这些花费和损失，最终都要由百姓承担。“所易新吏又未必贤，或不如其故，徒相益为乱”，更何况新人未必比老吏贤明，有的还不如老吏，只会添乱而已。

经过黄霸三年的治理，颍川郡生产发展、社会安定、生活富裕，附近郡县百姓纷纷奔赴颍川。在中国古代，郡县人口的增加，尤其是外来人口的大规模迁入带来的户口增多，是评价地方官政绩的核心指标之一。朝廷考核各地官员政绩时，黄霸“治为天下第一”。元康三年（公元前 63 年），宣帝直接将黄霸由颍川太守提拔为京师长安地区最高行政长官京兆尹。

可惜长安地区政情复杂，黄霸没几个月就因事被贬，级别从二千石降为八百石。宣帝让黄霸回颍川继续当太守，以八百石的级别行使二千石的职责。黄霸又在颍川干了五年，治理成效显著。神爵四年（公元前 58 年），为表彰黄霸政绩，汉宣帝封他为关内侯，重新提升为二千石。不久再次调回朝廷，任太子太傅，后提拔为御史大夫，最终拜其为丞相。黄霸的长处在于制定、执行政策和直接治民，但不善于调和内外、统率百官。拜相后，黄霸能力不足的问题就暴露出来，官声比之前在颍川时折损不少。

刚上任不久又在用人问题上触怒了宣帝。

黄霸举荐宣帝祖母史良娣哥哥史恭的长子为最高军事长官太尉。西汉太尉一职因掌握军队实权，过于逼近皇权，自从武帝罢黜田蚡太尉官职后不再设立，至黄霸推荐史高任太尉这年已有85年，不设太尉已经成为西汉不成文的规定。

宣帝收到黄霸举荐奏疏后，立马派人严肃批评黄霸：太尉官职已久不立，你身为丞相应知其中道理。丞相的职责是汇总处理朝廷日常事务；朕作为皇帝，职责是管理百官尤其是公卿将相，他们的任命要由朕决定。史高是朕的表叔，朕心里比你清楚他能力大小，你怎么能超越职权去举荐他？

黄霸任丞相五年，虽在改革上少有建树，但将朝政处理得井然有序。司马光在《资治通鉴》中评价黄霸："自汉兴，言治民吏，以霸为首。"从西汉开国到宣帝中兴，在治理地方上取得最大成绩的，当属黄霸。明太祖朱元璋评价黄霸，"古称任官惟贤才。凡郡县得一贤守令，如颍川有黄霸……何忧不治"。

甘露三年（公元前51年）三月，黄霸病逝于相位。两年后，汉宣帝去世，临终前任命史高为行使太尉职权的最高军事长官大司马，辅佐新君。

后备官员　基层历练

萧望之是汉初名相萧何的七世孙，有次上书言事深得宣帝欢心，被提拔为宫廷机要事务官谒者。宣帝重视人才选拔，天下士人纷纷上书分析政治得失。宣帝把奏疏交给萧望之处理，让他从中发现一二贤才。

萧望之根据奏疏质量好坏判断上书者才能的高低，将其分为两等："高者请丞相、御史"，才能较高的派到丞相府和御史府实习；“次者中二千石试事”，才能一般的派到中央其他衙署和刺史府、太守府等机构锻炼。“满岁以状闻”，一年之后对士人的实习锻炼情况进行考核，表现优秀的予以留用；表现一般的，经请示宣帝后遣送回故里。萧望之的做法得到宣帝大力肯定支持。

元康元年（公元前 65 年），宣帝决定派在朝廷任职的博士、谏大夫等咨询官到地方任太守和诸侯国丞相，充实地方人才，同时锻炼其地方治理的能力。萧望之也在其中，宣帝准备让他到平原郡（今山东省平原县一带）当太守。

萧望之到平原郡后给宣帝上了一道奏疏，指出外放博士、谏大夫为地方守相，确实可以有效提高地方治理水平，有利于基层百姓。但将谏官全部外放，中央难免人才零落，朝廷没有敢于直言极谏之臣，难以及时发现决策失误。看到奏疏后，宣帝将萧望之调回中央，出任少府长官，负责山海池泽税收和皇家财务。

宣帝认为，萧望之“经明持重，议论有余”，“材任宰相”，但缺少地方治理的经验。一年后，宣帝“欲详试其政事”，要考察萧望之的地方治理能力，下诏调他为紧挨长安的左冯翊（今陕西省西安市东北一带）行政长官。

宣帝此举已经够照顾萧望之，左冯翊和右扶风是离京师最近的地区，快马当天就能往返，而且调任地方是为将来拜相做准备。但萧望之可不这么想，在汉代官员行政序列中，少府是正九卿实职，而三辅地区长官只是正九卿级别，是职和级的区别。萧望之认为他从少府调任左冯翊，是被贬了，就打报告要辞职。

宣帝一看，就知道萧望之会错意了，马上派人传口谕：望之你将来前途远大，朕对你是寄予厚望，有特殊安排和特殊考虑，以后要用你管理天下臣民百姓，但你现在的履历还不好看，基层工作经验还很欠缺。虽然前段时间当过平原太守，可没几天你就闹着要回来，朕也甚是想你，就把你调回朝廷。但基层工作经历这一课你早晚要补上，所以这次才会调你去左冯翊。你不去基层真刀真枪地干，明白基层到底是个什么情况，将来怎么看懂基层工作报告背后的实情，替朝廷做出正确的决策？萧望之明白宣帝的心意后，立马心情舒畅地到左冯翊上任。

萧望之在左冯翊任职三年。神爵元年（公元前 61 年）左右，宣帝调萧望之回朝任大鸿胪，负责处理周边民族藩国事务，后升任御史大夫。宣帝去世时，萧望之受遗诏辅政。班固评价其“望之堂堂，折而不挠，身为儒宗，有辅佐之能，近古社稷臣也”；唐代颜师古称赞他“巨儒达学，名节并隆，博览古今，能言其祖”。后来汉元帝想用萧望之为丞相，可惜被宦官石显等人陷害，含冤而死。

优秀太守　上调中央

宣帝除了选派朝廷重要官员到基层历练外，还多次将优秀地方太守上调中央，出任重要职务。仅在地节四年（公元前 66 年）一年，就调北海（今山东省昌乐县一带）太守朱邑和渤海（今河北省南皮县一带）太守龚遂入朝。其中朱邑当年政绩考核全国太守第一，出任负责全国钱粮事务的大司农，龚遂出任主管皇家财政和货币铸造发行的水衡都尉。二人之中，尤以龚遂的经历最为典型。

宣帝早期，渤海郡连年发生自然灾害，庄稼歉收，百姓食不果腹，治安形势恶化。宣帝决定选派能力强的人去渤海任职，丞相、御史大夫举荐了龚遂。

龚遂“为人忠厚，刚毅有大节”，原是昌邑王刘贺的臣僚，对刘贺登上皇位前后的不端行为多次劝谏，苦口婆心借《诗经》中的道理告诫刘贺：“人事浃，王道备”，只有先把人事问题理顺，才能成就一番王道事业。可惜刘贺不听，即位后把霍光等重臣撇在一旁，将原在昌邑国的属僚全部安排在朝廷各要害部门，以致即位二十七天被废。事后，刘贺两百多属臣以不能导君以正为由被杀，龚遂因屡有规劝躲过一死，被判处四年徒刑，后被释放。

被举荐为渤海太守这年，龚遂已经70多岁。入宫面圣时，宣帝见他年迈，担心他能否镇住渤海局势，就问道：“你对治理渤海、恢复治安有什么思路吗？”龚遂反问宣帝：“陛下您是要治标还是治本，是想让臣镇压还是招抚？”

宣帝告诉龚遂要彻底根治渤海的动乱局面。探明宣帝本意后，龚遂说：只有先安定社会，才能进行深入的社会治理。臣奏请朝廷不要对臣到渤海后的做法指手画脚，允许臣根据渤海实情相机行事。

君臣谈话后，宣帝授予龚遂全权。龚遂到渤海郡后，收揽人心，缩小打击面，招抚百姓。治安稳定后，龚遂又开仓放粮，赈济贫穷，发展畜牧业。几年后，渤海百姓家给人足，龚遂调回朝廷任水衡都尉。

数字出官　错用王成

当然，宣帝虽对基层情况相当熟悉，但也不能事事都明察秋毫。在大规模起用政绩优良的“良二千石”的同时，宣帝有时也会被地方虚假政绩蒙蔽，以致在提拔官员时失误，这点尤其突出表现在对胶东国（今山东省平度市一带）丞相王成的奖励上。

王成深知宣帝特别重视基层治理，尤其是注重地方郡县人口的增长，在给朝廷的报告中大肆吹嘘胶东国户籍人口增加了八万多。

接到奏报后，宣帝大喜，下诏对王成予以表彰，赐爵关内侯，俸禄待遇提高到中二千石的级别。

汉朝二千石级别的官员中，根据资历深浅和其他标准，划分为中二千石（月俸禄 180 斛）、真二千石（月俸禄 150 斛）、二千石（月俸禄 120 斛）和比二千石（月俸禄 100 斛）等级别。“中二千石”的“中”字，就是满的意思，是二千石中最高的待遇，一般只有朝廷部门长官和中央直辖的京兆尹、左冯翊、右扶风三个地区地方官才能享受，地方太守和诸侯国丞相一般是二千石级别。宣帝将王成的待遇提高到最顶级的中二千石，下一步明显是要调他出任朝廷大员。这和宣帝对优秀地方郡守先提高级别待遇，再授予重要岗位实职的用人思路是一致的。

还没等到宣帝进一步重用，王成就病逝在胶东国丞相位上。几天后，地方长史、郡丞陆续到中央述职，宣帝让丞相、御史大夫主持召开会议，征求他们对朝廷工作的意见建议。会上，针对宣帝表彰王成的诏书，有人揭发王成在胶东国政绩造假，增加八万人口都是虚构的，重复填报、拆大户为小户，这样的人竟被朝廷通报表扬，无疑助长虚冒之风。

宣帝并未及时纠错，《资治通鉴》在此事后评道：“是后俗吏多为虚名云。”自王成后，一些地方官把造假获得虚名作为升迁的重要手段。

总体而言，汉宣帝重视官员基层实践和治理政绩成绩居多。宣帝朝的吏治，是整个西汉时期最为清明的；宣帝朝的良臣，也是西汉时期最多的。班固在《汉书》中评价汉宣帝用人，“孝宣之治，信赏必罚，综核名实，政事、文学、法理之士咸精其能，至于技巧、工匠、器械，自元（帝）、成（帝）间鲜能及之，亦足以知吏称其职，民安其业也”。

宣帝命文士王褒撰写《圣主得贤臣颂》，深入探讨了圣主与贤臣相互需要、相互依靠的关系。文中言道：

贤才，是国家的工具。任用的官吏贤能，办事进退简易，又能普遍获得良好的功效；使用的工具锋利，花费很少的力量就能取得很多的成果。所以，如果工匠使用的工具不够锋利，只会劳筋动骨，终日辛苦；而使用精巧的工具，则能铸造出“干将”宝剑。假使派眼神好的离娄负责测量，鲁班砍削木材，测量百丈面积，修建五层高台也不会失误，这是因为用人得当。蠢人骑劣马，即使勒破马嘴，抽坏马鞭，也不能前进；而由精于骑术的王良骑乘名种良驹，由善于改进车辆的韩哀侯驾驶快疾的宝马拉着马车周游天下，即使是万里之遥，也不过喘口气的工夫就能到达。为什么这么快呢？因为人马相得益彰之故。所以，身穿凉爽的麻布衣的人，不苦于盛夏的暑热；身穿温暖柔软的貂、狐皮衣的人，不担忧严冬的寒冷。原因何在？因为他们拥有相应的工具而易于防备。贤人、君子，也正是圣明的君王易于治理天下的工具。从前，周公为了接待宾客，吃一顿饭要停顿三次，沐浴一次要束起三次头发，所以才会出现监狱空闲的盛世；齐桓公在庭中燃起火炬，为的是不分昼夜地接待贤士，所以才能九合诸侯，称霸天下。由此看来，作为君王，只有首先不辞辛苦地访求贤才，然后才能享受所得贤才给他带来的安逸。作为人臣也是如此。过去，贤能的人在没有受到君王的赏识之前，贡献策略，君王不用；

陈述建议，君王不听；做官不能施展他的能力，遭斥逐也并非有什么过失。所以，伊尹曾经背着饭锅菜板去做厨师，姜太公曾经操刀杀牛，百里奚曾经自卖，宁戚曾经喂牛，都经历过忧患。及至遇到圣主明君，出谋划策都符合主上的心意，规劝进谏立即被主上接受，无论进退都能显示其忠心，担任官职也能施展其本领，接受君王赐给的封爵、土地，光宗耀祖。所以，世间必须先有圣明智慧的君王，然后才有贤能的臣子。虎啸而兴风，龙飞而生云，蟋蟀到秋天才鸣叫，甲虫在阴湿处才会出现。《易经》上说："飞龙在天，有利于选拔贤才。"《诗经》上说："济济贤才，生于周国。"所以，世道太平，君主圣明，才俊之士自会来临。君王勉力于上，人臣恭谨于下，聚精会神，相得益彰，即使用伯牙演奏他的"递钟"名琴，逢蒙使用他的"乌号"神弓也不足以比喻君臣之间的融洽。所以圣主必须等待贤臣来辅佐，才能光大功业；贤臣只有等待圣主的赏识，才能显示才干。上下互相需要，彼此欣悦，这是千年一次的际遇，言论见解无所猜疑，犹如羽毛遇到顺风，巨鲸纵横大海，如此得意，那么何禁不止，何令不行？圣贤的教化，必将传播四方，永无穷尽。所以，圣主不必处处窥望就已看得明白，不必时时侧耳就已听得清楚，使天下太平的责任已经尽到，安乐悠闲的愿望已经实现，祥瑞自然降临，寿命自然无疆，何必像彭祖那样俯仰屈伸，像王侨、赤松子那样呼吸吐纳，去寻觅与世隔绝的仙境呢！

县集而郡，郡积而天下；郡县治，天下无不治。汉宣帝开启了中国古代王朝重视地方吏治和基层治理的先声。他派遣中央官员到地方历练，提拔优秀地方官担任中央部门长官的做法，直接影响了后来唐朝“不历州县不拟台省”制度，即将基层任职经历作为官员提拔升迁，尤其是上调中央的必备硬杠条件。宣帝提高级别待遇稳定地方官任期的做法，为后世提供了诸多启示。

京房考课法

考课，又称考绩或考功课吏，即朝廷有关部门结合官员的岗位职责和任职年限，按照一定的程序和标准，对其政绩进行综合评定，区分等次，并以此为依据决定升迁、留任或者责罚、黜免。

早在先秦时期，伴随着官僚体制的确立和朝廷治理的完善，考课之举就已出现。春秋战国时期确立了“上计”制度，即地方长官年终向朝廷报告境内户口、赋税、治安、狱讼等情况。秦朝统一后，由监察机构御史府统筹，会同财政等其他部门开展“上计”考核。汉朝对考课制度进行了全面改革，形成了一套较为完备的制度体系。其中汉元帝时期京房提出的考课法，是汉朝考课制度发展过程中的重要节点。吕思勉先生在其《秦汉史》一书中，甚至认为是京房首创了系统完备的考功课吏法。

朝纲不振　应时建策

京房是汉代东郡（今河南省濮阳市一带）人，早年学习《易经》，后通过察举制度入朝担任郎官，得到具有深厚经学功底的元帝的赏识。

京房借机上疏元帝，建议改革考课制度。他言道：“古帝王以功举贤，则万化成，瑞应着”，“末世以毁誉取人，故功业废而致灾异”，以毁誉褒贬决定官员的升迁罢免，官员们热衷虚名而不实心任事。“宜令百官各试其功，灾异可息”，应建立以政绩为核心的考课制度体系，对官员履职情况进行系统考核。京房的这番言论针对的是当时朝廷不重官员的考核而发。丞相等朝廷重臣不严格考核下属政绩，导致吏治有恶化的倾向。

汉宣帝神爵三年（公元前59年），丙吉出任丞相，他为政以宽大为本，不过分苛察细节，有识大体的美誉。但不拘小节似过了头，丞相府属员有贪污受贿、不作为的，丙吉不去惩治，反倒是暂时调离，过段时间再恢复原职。有人劝丙吉：你身为丞相，为何不严惩身边那些作奸犯科者？丙吉却说：我堂堂丞相，要思考朝廷重要战略问题，怎么能整天把心思用在惩办小吏上？

丙吉诚然是汉代名相，但此话似为欠妥，考课官吏与抓大放小并不存在矛盾。只可惜丙吉的论调和做法被后人继承下来。从丙吉拜相开始，丞相府、御史府等中央机关都不再对所属官吏进行考课监察，这种状况一直延续到元帝时期，于是有了元帝京房君臣关于考课的对话。元帝同意京房的提议，让他主持这项工作，京房很快拿出考功课吏章程。

关于京房制定的考课办法，相关史料已经亡佚，无法窥其全貌，只有胡三省在给《资治通鉴》做注时，转引了晋朝晋灼注的一段话，大意为：县令、县丞、县尉共治一县，推行教化，无犯罪者，才能升迁。如果县里出现盗贼，县尉三天没有察觉，是县尉的责任；如果县令察觉，亲自铲除盗贼，县丞和县尉都要负履职不力的责任。郡里和中央朝廷机关的考课办法，也大都如此。

由于考功课吏章程牵涉朝廷人事制度的重大变革，元帝召开御前会议，征求朝廷大臣意见。不料重臣全都批评京房考课法过于苛细，无操作性；而且让上下级互相监督，尤其是下级监督上级，不利于上级掌控下级。经过讨论，重臣们不建议推行。尽管如此，但元帝仍想试行。元帝撇开公卿大臣，直接召集各地刺史商议此事，并让京房就考课制度详细说明。刺史们也纷纷认为此法不可行。只有御史大夫郑弘和光禄大夫周堪改变了当初的反对立场，主张一试。

君臣论人　揭发奸臣

从晋灼的记载和大臣们对京房的批评意见中，可以看出京房考课法有三个特点。

一是把考课对象重点放在“吏”，即地方郡县和朝廷各衙门属员上面，这是对从丙吉开始郡县和部门长官不考核属员做法的重大修正。二是考课章程非常具体细微，将各项岗位职责都纳入考课之中，以致被人攻击为“烦碎”。三是各级官吏相互监督，特别是授予下级监督上级的权力，打破了下级对上级的依附关系。

东汉王符在其《潜夫论·考绩》中认为，“先师京君，科察考功，以遗贤俊，太平之基，必自此始，无为之化，必自此来也”，若行此法，可开太平之基，天下无为而治。

对京房考课法反对最为激烈的，是元帝的宠臣石显和五鹿充宗。石显任宫廷中书令，负责汇总朝廷各部门和地方郡县信息；五鹿充宗任宫廷尚书令，负责将元帝对奏疏的批示意见传达给朝臣。二人互相勾结，掌握了信息的上传下达权，结党营私，排除异己，大肆迫害萧望之等贤臣。

元帝有次私宴京房，京房提出石显、五鹿充宗专权问题，于是有了下面这次著名的君臣对话，中心议题是皇帝为何总把奸臣当作忠臣来信用。

京房先和元帝谈起了历史，言道：周幽王、周厉王为何使国家衰败，他们都用了什么人？元帝回道：幽王厉王都是昏君，用的人都是奸佞之臣。京房问：幽王厉王是明知那些人是奸臣却偏用他们，还是被蒙蔽了，认为他们是贤臣才用他们？元帝说：肯定认为他们是贤臣。京房继续追问：为什么幽王、厉王眼中的贤臣，我们今天却要称他们为奸臣？元帝说：我们这些后来人，知道幽王厉王任用的那些人，把国家折腾得上下不安，弄得君王也死于非命，才说他们是奸臣。京房逐步将问题引向深入：亲贤臣才能治理好国家，亲小人肯定会导致朝政混乱；可幽王、厉王难道就不明白这个道理吗？为什么还会落个身死国灭的下场？元帝回道：幽王、厉王认为他们用的人都是贤臣，而不知全是奸臣；如果天下的君王都能慧眼识人，分清忠奸善恶，哪还会有什么亡国之君！京房言道：晚年的齐桓公和秦二世也听说过幽王、厉王的故事，还嘲笑他们不辨忠奸，但还是任用竖刁、赵高这些奸臣，把国家弄得乌烟瘴气。为何他们不能从幽王、厉王身上吸取历史教训呢？元帝长叹：他们没有真正读懂历史，只有读懂的人，才能知道怎么避免重犯过去的错误。

京房脱掉官帽，叩头言道：陛下您即位以来，天上日月星辰颠倒次序，地上水灾旱灾虫灾频繁，人间饿殍遍地，瘟疫流行，盗贼四起，监狱里关满了犯人。陛下您说，现在这世道，是末世乱世还是太平盛世？元帝言道：这世道当然是大乱之极，还用说吗？

听闻元帝对时局的重大政治判断，京房趁机说：乱世的出现总是和君主任用奸臣、把奸臣当作贤臣有关。现在陛下您都是用的哪些人？元帝言道：现在灾异还没有幽王厉王时那么多，本朝政治还没齐桓公晚年、秦二世时期那么混乱，朕用的人还是比竖刁、赵高贤明些，不能把朝纲不正归结于他们身上。京房言道：当年齐桓公和秦二世也是这么想的，臣恐怕您看齐桓公秦二世，就像他们看幽王厉王一样；后人看您，也会像看幽王厉王齐桓公秦二世一样。

元帝沉默许久，说：如今为祸天下的奸臣都是谁？京房不明说，他要让元帝自己说出来。元帝有些着急：朕怎么知道？朕要是知道谁是奸臣，还会用他们吗？

京房进一步启发元帝：陛下您平素最信任的人是谁？整天都是和谁在密室之中讨论国家大事？和谁一起决定天下百官士人的进退留转？元帝明白京房说的乱臣贼子就是石显，对京房说了两个字："已谕"，意思是知道了。此次对话并未动摇元帝对石显的信任。

司马光对此写下一段发人深省的批注："人君之德不明，则臣下虽欲竭忠，何自而入乎！观京房所以晓孝元，可谓明白切至矣，而终不能寤"，皇帝不能分辨忠奸是非善恶，当臣子就算想竭尽忠心，也是白费力气。京房苦口婆心劝元帝，话已经说得那么明白无误，可元帝还是不能醒悟！司马光对东汉章帝不能制裁外戚窦宪跋扈行为的评论，亦能用在元帝身上："知善而不能用，知恶而不能去，人主之深戒也"，明知是善良贤能之人却不能起用，明知是奸佞邪恶之人却不能罢免，是人君最大的用人失误。

汉元帝在历史上评价不高，与他在用人上是非不分、贤佞并进有很大关系。南宋洪迈在《容斋随笔》中评价元帝"优柔不断，权移于阉寺，汉业遂衰"。1957 年 6 月 13 日，毛泽东曾对吴冷西、胡乔木等人谈及元帝，"前汉自元帝始即每况愈下，元帝好儒学，摒斥名、法，抛弃他父亲的一套统治方法，但优柔寡断，是非不分，贤佞并进，君权旁落……他父亲骂他‘乱我者太子也’”。

功败身死 人亡政息

元帝听从宠臣石显的建议，外放京房任魏郡太守，名为在地方主持考课，实为调离政治中心，隔绝与元帝的联系，阻碍考课法的推行。后又受石显诬陷，以谋反罪被处死，考课法功亏一篑。

根据《汉书·京房传》记载，京房为减轻来自石显等人的变法阻力，上书元帝，请求令元帝的弟弟淮阳王刘钦入朝主持考课法，未想到这次触碰了政治大忌。刘钦不是普通皇弟，而是元帝父皇宣帝最疼爱的儿子，对其喜爱程度远胜当初还是太子的元帝。宣帝治国讲究儒家王道、法家霸道并用。可元帝只喜欢儒家王道，不喜法家霸道，刘钦却经学法律兼研。宣帝甚至动过用刘钦取代元帝的念头，只因元帝是宣帝在民间时所生，生母许皇后很早被霍光夫人毒死，元帝幼年丧母，甚是可怜，平素又没有过错，宣帝念及于此，才未用刘钦取代元帝。

石显利用此事向元帝诬告京房引诱淮阳王图谋不轨。元帝怒不可遏，下令处死京房。京房被斩首时，年仅41岁，改革亦戛然而止。汉宣帝开创的中兴局面彻底在元帝手上结束，西汉从此走下坡路，一发而不可收拾。

吕思勉先生叹息道，“（京房）督责（考课）之术，实君主专制之世致治之基。为石显、王凤等所害而不能行，较之萧望之等之见废，实尤可惜也。不然元帝何至蒙威权堕损，为汉基祸之诮哉”，认为京房考课法实为太平盛世之基。京房之法因石显等人阻挠被废弃，后果远比萧望之等贤臣被陷害更为严重。吕思勉先生有言，“汉室盛衰，当以宣、元为界”，元帝被视为西汉走向衰亡的始作俑者，亦与此有深度关联。

当然，京房考课法也并非完美无缺，王夫之在《读通鉴论》中批评京房只凭事功考课官吏的做法迂谬不可实行，是急功近利的申韩之术，只会给不肖之徒更加苛刻地鞭笞属吏百姓提供便利，造成民不聊生、国家凋敝。但王夫之并非反对考核，他仍主张建立对地方州县官吏的定期考核制度，但强调应以儒家的节义操行考核官吏，而不是法家简单的奖优罚劣。

> 京房考课之法，迂谬而不可举行；即使偶试而效焉，其不可也固然……一以功业程之，此申、韩之陋术，而益之以拘迫，不肖者涂饰治具以文其贪庸；不逮，则鞭策下吏、桎梏民庶以副其期会，灾不在天，异不在物，而民已穷、国已敝矣。
>
> ——《读通鉴论》

尽管后世对京房考课法存在争论，但京房设计系统完备考核制度的努力仍然值得肯定。京房考课法的弃而不用，京房本人的含冤被杀，是汉代乃至中国古代考课制度发展的重大挫折，是中国古代选官用人制度一直无法发展出完善考核规章的重要源头。三国曹魏青龙五年（公元 237 年），魏明帝鉴于京房之后考课法废弃已久，下令刘邵重新制定相关制度。刘邵根据京房考课法制定出“都官考课法”七十二条。明帝令百官讨论，结果群臣大都认为考课制度属于无关轻重的细枝末节，无法分辨贤愚。由于无人支持，刘邵“都官考课法”最终未能实行。

司马光对此评论：治理天下的关键在于用人，考课功绩会导致巧诈横生、真假不明，甚至成为打击异己的工具。只要用人者至公至明，大公无私，明察秋毫，便可选出真正有用之才。否则，即使再完善的考课条例，再细微的考课项目，再详细的档案记录，也无法真正证明官员政绩。

两汉三国之后的历代王朝，屡屡有人提出重建系统完善的考课制度，但无一例外都招致群臣集体反对。改革方案要么胎死腹中，要么无疾而终。主张实行考课之法的大臣被指责为苛察，目为苛刻小人；反对者则被吹捧为识大体，视为君子之风。

为治之要，莫先于用人。而知人之道，圣贤所难也。是故求之于毁誉，则爱憎竞进而善恶浑淆；考之于功状，则巧诈横生而真伪相冒。要之，其本在于至公至明而已矣。为人上者至公至明，则群下之能否焯然形于目中，无所复逃矣。苟为不公不明，则考课之法，适足为曲私欺罔之资也。

——《资治通鉴》卷七十三

光武帝柔道用人术

汉光武帝刘秀少时被家巷邻里评价为“唯直柔耳”，待人宽容厚道，夺取天下后的治国之术亦被后世评价为“柔道”。所谓柔道，就是实行仁政、德政，刚柔并济，文武并用，用宽容博大的胸怀处事，以仁爱之心协调君臣关系。其实，柔道不仅贯穿于刘秀的治国之道中，也体现在其用人之道上，所以毛泽东曾点评刘秀是“历史上最会用人、最有学问、最会打仗的皇帝”。

起用卓茂　以德为先

建武元年（公元 25 年）九月十九日，刚登上皇位三个月的刘秀下诏：新朝建立，万象更新，要树立以德为先的用人导向，重用品行优异的道德模范。卓茂“束身自修，执节淳固，诚能为人所不能为”，可任太傅，封为褒德侯。

东汉时太傅虽是荣誉性官职，没有实权，但地位极高，位列三公之上。卓茂不是刘秀旧日班底，且已是古稀之年，无征战沙场之功，究竟何德何能获任太傅高位？

卓茂，南阳人，和刘秀算是有些同乡之谊。他宽厚仁爱，安贫乐道，不图虚名修饰，做事秉承中庸之道不走极端；从小到老，没有和任何人发生过争吵；乡亲邻居都对他非常爱戴尊重。

相对于道德品质，卓茂的具体办事能力差一些。西汉哀帝平帝年间，他曾担任密县（今河南省新密市一带）县令，因县政处理不够及时，久拖不决，密县官民和邻县同僚都对他有所讥讽，河南郡甚至要另派他人代管县政。卓茂不以为意，仍旧按照既定治县方针爱民如子，推行善政。不出几年，密县移风易俗，百姓路不拾遗，成为西汉末年乱世中的一片世外桃源。卓茂后来上调朝廷，离任之时，密县人民扶老携幼，挥泪相送。

王莽篡权时，卓茂辞去官位，告老还乡闭门不出。刘秀听闻卓茂事迹，下诏任命他为太傅。

刘秀下诏之时，全国还远未完成统一，天下鼎沸，鹿死谁手还未可知。按照一般用人规律，此时更应重用冲锋陷阵的大将、奇谋迭出的军师，而刘秀偏偏用的是卓茂这个品行忠厚之人、道德纯良之臣。司马光高度评价刘秀此举，认为刘秀能够恢复汉家江山，正在于他懂得什么事情应该优先做，什么事情更为根本。而这个根本正是在选官用人上树立以德为先的导向。清人刘体仁在《通鉴劄记》中亦认为，刘秀“访求卓茂以为太傅，封褒德侯，天下未平，首崇有德，诚为卓识”。

光武即位之初，群雄竞逐，四海鼎沸，彼摧坚陷敌之人，权略诡辩之士，方见重于世，而独能取忠厚之臣，旌循良之吏，拔于草莱之中，寘诸群公之首，宜其光复旧物，享祚久长，盖由知所先务而得其本原故也。

——《资治通鉴》卷四十

刘秀奖拔起用卓茂，也有在用人上以道德标准压制军功标准，为统一天下后推行“退功臣，进文吏”做准备的考虑。王夫之认为刘秀“擢卓茂，奖厚重之吏”，其意在“调御其（功臣）嚣张之气”。同时，刘秀对卓茂的长短也有清醒认识，他拜卓茂为位高事少的太傅，而非事务繁杂的部门要职，就是充分发挥了卓茂道德优异的长处，回避办事能力一般的短处。

大臣宋弘也是刘秀朝道德的典范。有次宋弘入宫面圣，见刘秀一直回头看。原来御座后面换了新屏风，上面画着一个美女，刘秀回头就是为了看美女像。宋弘当即批评刘秀，“未见好德如好色者”。刘秀立马让人把屏风撤掉，对宋弘说，朕知错就改，算是好德吧。宋弘贺喜刘秀说，陛下能用道德规范约束自身行为，臣不胜欣喜。刘秀的姐姐湖阳公主丈夫去世后再嫁时，选中宋弘道德品行。刘秀找宋弘谈话，说“贵易交，富易妻”，宋公其有意乎？宋弘托以“贫贱之知不可忘，糟糠之妻不下堂”，拒绝了这门亲事。刘秀看中宋弘道德纯良，重用他为三公之一的大司空，负责全国监察工作。

在重用卓茂、宋弘，打造正面典型的同时，刘秀也极力贬斥道德不纯、为臣不忠之人。建武二年（公元 26 年）二月，在刘秀逐鹿中原的关键时刻，渔阳（今北京市一带）太守彭宠起兵造反。因彭宠实力较强，加上刘秀优柔寡断、处置失误，叛乱延续了三四年之久。一直到建武五年（公元 29 年）二月，因彭宠被家奴子密等三人在宫室内绑架刺杀，刘秀才侥幸平定叛乱。

子密刺杀彭宠，无疑立下大功，理应封爵赏赐。但在纲常伦理上等同于不忠不义。刘秀斟酌后，封子密为“不义侯”，既奖赏其立功之举，又以“不义”的侯爵名号对其不忠行为进行了批判。

刘秀对忠于职守之人大加褒奖。有次刘秀到洛阳城外打猎，至深夜才回城。古代城门在夜间要紧闭上锁，以防不测，上东门守将郅恽拒不开门。刘秀让随从在城门门缝里和郅恽见面，说皇帝要回宫，赶紧开门接驾。郅恽说黑夜看不清你是谁，坚决不开门。刘秀无奈，只有绕路从东中门进城。

第二天一早，郅恽上了一道奏疏，劝谏刘秀不要沉溺于游猎。刘秀接到奏疏，不但没有怪罪郅恽，反而赏赐他一百匹绢布，后又让其辅佐太子，后外放为长沙（今湖南省长沙市一带）太守。而那个放刘秀进城的东中门守将，则发配到参封县（今山东省诸城市一带）当县尉。

大度谦和　胸襟开阔

刘秀待人宽和大度，开诚布公，不拘小节。这一特点在招揽朱鲔和马援上表现得至为明显。

朱鲔本是刘秀仇敌，曾在绿林军更始帝手下任大司马时参与谋杀刘秀亲哥哥刘縯，还劝说更始帝斩草除根杀掉刘秀。建武元年（公元 25 年），刘秀大军围攻朱鲔防守的洛阳，几个月攻不下来，就派人去劝降。朱鲔有意出降，但碍于当年往事，犹豫不决。

刘秀闻此，当即表示:“举大事者不忌小怨”，朱鲔当年之事，各为其主，是忠诚于更始帝；我不会在乎小恩小怨，朱鲔若是肯降，必前程富贵，何谈诛伐，“河水在此，吾不食言”！朱鲔开城投降后，刘秀当即拜他为平狄将军，封爵扶沟侯，后又提拔重用，担任少府，主管财政。

王夫之在《读通鉴论》中评价刘秀“达于理者之制恩怨”。柏杨在《现代语文版资治通鉴》中亦高度赞赏刘秀，认为“刘秀先生是一个政治家。中国漫长的历史中，英雄很多，政治家很少。帝王群中，政治家尤其寥寥可数”，“宽容和气度，不是天生的，而是高度的智慧和高度的自我克制”，“只有胸襟开阔，眼光锐利的人，才有运用智慧的能力”，“政治艺术的最高境界，在于化敌为友，只有半吊子家伙，才确信他的钢刀万能”。

更始二年（公元24年），刘秀打败对手王朗，缴获大量档案文书，“得吏民与朗交关谤毁者数千章”，发现里面有几千封下属与王朗暗通款曲的书信。刘秀“不省”，一封也没拆开，“会诸将军烧之”，表示“令反侧子自安”。后来曹操在官渡之战后，将缴获的属下写给袁绍的效忠信“皆焚之”，以示不疑，无疑是受刘秀的启发。胡三省对此评价道，“此光武安反侧之意。英雄处事，世虽相远，若合符节”。

刘秀宽和坦诚、虚怀若谷的用人智慧，同样体现在对马援的吸引上。马援是战国时代赵国名将赵奢后人，本是跟着刘秀的对手隗嚣打天下。隗嚣割据今天甘肃东南一带，因地处偏僻，力量较弱，欲归降一方，遂派马援出使力量较强的成都公孙述和洛阳刘秀阵营，打探虚实。

马援和公孙述是一起长大的老乡，刘秀和公孙述比较，他天然更亲近公孙述一些。未料，一见面公孙述就给他来了一个下马威，先让卫兵在宫廷列队整齐，戒备森严，细致盘查后，才放马援进去拜见。行过见面礼后，公孙述不冷不热地客套一番，又请马援出宫，住进宾馆。不但如此，公孙述还不让马援穿官服，而是给他量身定做了一套平民衣服和礼冠，最后才在庙堂召集百官大摆筵席，设宴招待马援。公孙述赴宴时，前呼后拥，仪仗满布，鸣锣开道，完全是按照君臣礼节招待马援，根本不顾及马援的感受，这让马援很不自在。

宴会上，公孙述表示要封马援为侯爵，并授任大将军。马援随从一听，颇为欢喜，都想留下来。马援劝道：当今天下鹿死谁手还未可知，他公孙述不学习周公一饭三吐哺礼贤下士，反倒搞繁文缛节，一副小人得志的做派，这种人能成大事吗？值得天下的人才投奔他和他共创大业吗？更别说留住人才了！

马援到洛阳后，刘秀只穿一件平民衣服，亲自到殿外走廊对马援笑脸相迎。马援对刘秀表示："当今之世，非但君择臣，臣亦择君矣"，如今称王称帝者不知几多人，陛下您气度恢宏、阔朗大度，如同汉高祖在世，您才是真命天子！

此后刘秀又十多次会见马援，每次都是轻车简从，无话不谈。民国史学家蔡东藩对此评价道，"（马援）东至洛阳，见光武帝之脱帻相迎，即有君择臣臣择君之语，一见倾心，愿效奔走。援诚不愧智士，抑光武帝之驾驭英雄，令人心服故也"。

从洛阳回到甘肃后，马援劝隗嚣归顺刘秀，然隗嚣举棋不定，最终投靠公孙述。马援主动脱离隗嚣阵营投奔刘秀，从此为刘秀鞍前马后，西破陇羌，南征交趾，北击乌桓，最终战死沙场，马革裹尸而还。

正是靠着大度谦和的柔道，刘秀如大海一般吸引河流来归，除马援、朱鲔外，还有邓禹、吴汉、冯异等，都是慕刘秀柔道柔和之名而来。

南阳情结　门户之见

刘秀在用人上虽有颇多可赞之处，但仍不免有地域偏见，这点突出表现在他对老家南阳人的重用上，当时出任朝廷要职的大都是刘秀的南阳乡里故旧。毛泽东在新闻稿《中原我军占领南阳》中指出，"民间所传二十八宿，即刘秀的二十八个主要干部，多是出于南阳一带"。王夫之在《读通鉴论》中亦批评刘秀"专用南阳人而失天下之贤俊"。

曾和大司空擦肩而过的郭伋，后出任颍川郡太守，再迁并州牧。郭伋从颍川赴并州上任时，路过洛阳觐见皇帝。刘秀问他从地方看中央，对朝政有何看法？郭伋直言："选补众职，当简天下贤俊，不宜专用南阳人。"

有次刘秀召开御前会议，给太子选太傅，让群臣推荐人选。大臣们纷纷推荐阴识，说阴识既是太子的亲舅舅，又掌管军队，再合适不过。只有博士张佚出来反对："今陛下立太子，为阴氏乎，为天下乎？"陛下您立太子，是为了阴家还是为了天下？"即为阴氏，则阴侯可"，如果为了阴家，那阴识就是最佳人选；"为天下，则固宜用天下之贤才"，要是为了天下，那就应该选择天下贤才辅佐太子。刘秀听后幡然醒悟，表示"欲置傅者，以辅太子也"，张佚能匡正朕的过失，想到朕想不到的，一定能够教导太子。说罢，当即拜张佚为太子太傅。

刘秀柔道用人的最显著特征，正是一个"柔"字。以德为先是柔，通过用人导向的调整，重建被王莽破坏的道德人心；大度谦和是柔，通过柔和的身段，最大限度把人才凝聚到自身周围。

三国群雄用人特点

清代史学家赵翼对三国群雄尤其是刘备、曹操、孙权用人有过经典点评，认为三人用人之道各有不同：曹操靠权术驾驭，刘备以性情结交，孙氏靠意气相投。

人才莫盛于三国，亦惟三国之主各能用人，故得众力相扶，以成鼎足之势。而其用人亦各有不同者，大概曹操以权术相驭，刘备以性情相契，孙氏兄弟以意气相投。

——《廿二史劄记》

此话虽深得刘、曹、孙用人三昧，但亦有重刘轻曹、尊刘贬曹的道德史观意味。刘备用人固然性情相契，但也有任人唯亲的倾向；曹操用人并非简单以权术驾驭，更多是唯才是举；孙坚、孙策、孙权父子兄弟若只靠意气相投，显然无法赢得江东本土人才支持。

刘备诸葛　善于团结

刘备虽顶着中山靖王之后的光环，但在魏、蜀、吴三国创业之君中，地位最为低微。“贩履为业”的出身，使他无法像曹操一样取得世家大族人才的支持；早年四处落魄、屡战屡败的创业经历，使他根本没有一块较为稳定的根据地从容收纳当地人才。

但刘备的长处是能以“性情相契”，用仁义结交英才，为己所用。

1959 年 3 月 2 日，毛泽东曾在政治局会议上评价刘备，“会用人，能团结人，终成大事”，“长处是善于用人，所以能得到像诸葛亮那样颇有才智、品学兼优的智士辅佐”。如赵翼所言，刘备“一起事即为人心所向，少时结交豪杰，已多附之”。刘备早年与关羽、张飞等涿郡集团人才相识，从创业之始就紧紧把二人之心抓在手中，三人睡觉都盖一床被子；对赵云，刘备也是以恩义相结，“深自结托”，用仁人之心使他从公孙瓒处归顺过来。

长坂坡大败后，曹操以日行三百里的速度追击刘备，刘备带着十余万百姓只能日行十里左右。有人劝刘备放弃百姓轻装前进，刘备断然拒绝，表示“济大事必以人才为本，今人归吾，吾何忍弃去”。东晋史学家习凿齿称赞刘备，“先主虽颠沛险难而信义愈明，势逼事危而言不失道，故而情感三军，恋赴义之士，则甘为同败。观其所以结物情者，岂徒投醪抚寒含蓼问疾而已哉？其终济大业，不亦宜乎！”

刘备投奔刘表寄寓荆州时，广泛收揽诸葛亮等荆楚人才，“荆州豪杰归先主者日益多”。在刘备三顾茅庐前，已有人劝诸葛亮投奔孙权，诸葛亮认为孙权“能贤亮而不能尽亮”，无法给他提供最大限度施展才华的平台，“是以不留”。刘备“三顾频烦天下计”，让诸葛亮看到其诚心，“遂许先帝以驱驰”。赵翼在《廿二史劄记》中言，“亮第一流人，二国（曹、孙）俱不能得，备独能得之，亦可见以诚待人之效矣”。

赤壁之战前后，刘备靠着诸葛亮运筹帷幄和庞统等荆楚集团的前后帮扶，先取荆州为家，又通过对张松、法正的收纳，为夺取刘璋所据益州铺平道路。

当初刘璋本意归附风头正劲的曹操，派张松去曹操处沟通联络。张松虽五短身材，行事不拘常格，但看问题眼光独到，真知灼见超过常人。此时曹操已拿下荆州，眼看消灭刘备，就不以张松为意。尽管曹操谋士杨修极力推荐张松，劝曹操将张松留在朝廷任职，但曹操心意已决，拒不收纳张松。张松对曹操怨恨至极，回到益州后劝刘璋与曹操绝交，把希望投注到刘备身上。

刘璋听从张松的建议结交刘备，张松又推荐法正前去联络。法正时任刘璋军议校尉，职责是参谋军事，没有实权，“璋能官之而不能用耳”，刘璋虽然给法正官位，却没授予充分职权让他发挥才干。郁郁不得志的法正为刘备入川开路，刘备由此夺取益州建立基业，初步实现了连接荆益、三分天下的目标，登基称帝，延续汉室。

但刘备终其一生，也只能坐困巴蜀无法复兴汉室，亦和他与诸葛亮在用人上地域意识明显，只把选人范围局限在有深度关联的涿郡、荆楚集团。苏洵为此感叹，“玄德有取天下之量，而无取天下之才”。

史学界一般认为蜀汉政权由涿郡集团（以关羽、张飞等为代表）、荆楚集团（以诸葛亮等为代表）、原属刘璋后归附刘备的东州集团（以法正、李严等为代表）、外附集团（以赵云、马超、魏延等为代表）、益州集团（以谯周等为代表）五部分组成。

刘备入川，荆楚人士占据了各个要职，史称“豫州入蜀，荆楚人贵”，荆楚集团几乎与刘备所属的涿郡集团形成分庭抗礼之势。刘备稳定四川局势后即开始调整人事布局，重用法正，几乎取代诸葛亮的军师地位；抬举来自西凉的马超，形成对荆楚人才的牵制。史载，“诸葛亮为股肱，法正为谋主，关羽张飞马超为爪牙；许靖简雍麋竺为宾友。及董和、黄权、李严等，本（刘）璋之所授用也；吴懿、费观等，璋之婚亲也；彭羕，璋之所摈弃也；刘巴，宿昔之所忌恨也；备皆处之显任，尽其器能，有志之士，无不竞劝，益州之民，是以大和”。

毛泽东对此大加赞赏。据薄一波在《列席中央书记处会议》一文中回忆，党的七大召开期间，毛泽东曾对他说，“刘备、关羽、张飞、赵云，都是你们北方人，他们组织了一个班子南下，到了四川，同‘地方干部’结合在一起，建立起一个很好的根据地”。

诸葛亮重视选拔人才，曾提出“识人七法”：一是观察人才在大是大非面前的立场、取舍，考察其志向；二是与人才展开辩论，考察其应变能力；三是和人才探讨政策措施，考察其见识谋略；四是布置给人才急难险重的工作任务，考察其是否能勇挑重担；五是将人才灌醉，考察其性格底色；六是给人才以利益诱惑，考察其是否能保持清正廉洁；七是和人才约定某事或某项工作完成期限，考察其是否重信守诺。

> 一曰间之以是非而观其志，二曰穷之以辞辩而观其变，三曰咨之以计谋而观其识，四曰告之以祸难而观其勇，五曰醉之以酒而观其性，六曰临之以利而观其廉，七曰期之以事而观其信。
>
> ——《诸葛亮集》

诸葛亮招才纳士殚精竭虑，他收姜维，重用杨仪、蒋琬、费祎，推荐郭攸之、董允、向宠，劝诫后主亲贤臣、远小人，无不以人才为意。但蜀汉终不免走向人才凋落的败局，以致“蜀中无大将”。这与诸葛亮主政后，把选官用人的主要方向集中在荆楚集团有很大关系。

当代史学家田余庆曾指出，“巩固新人地位、协调新（荆楚集团）旧（东州集团、益州集团）关系是诸葛亮用人的核心问题”，而诸葛亮显然是在壮大荆楚集团力量，把持蜀汉权要机构的几乎都是荆楚人士，连东州集团都无法置喙，益州集团更是被排斥在外，只能充当谏议大夫或地方中低级官员。《三国志·蜀书》中有59人入传，来自荆楚的有27人，几乎占据一半。一些荆楚人才被安排在不胜任的位置，这就有了马谡的大意失街亭和诸葛亮的挥泪斩马谡。王夫之在《读通鉴论》中感叹，“诚哉，知人之难也”。

随着数次北伐战争的损耗，荆楚人才也日渐损耗殆尽。面对人才稀落的困境和繁重的军务政务压力，诸葛亮只能万事亲为，自校簿书，流汗终日。唐朝宰相杜黄裳对此评价，“为人主之体固不可代下司职，但择人委任，责其成效，赏罚必信，谁不尽心”。诸葛亮亦并非不知丞相不必万事躬亲的道理，但已无人可用，不得不如此。当初杨颙批评他不懂为相之道，建议他“为治有体，上下不可相侵”。杨颙去世后，诸葛亮垂泣三日，与其是哭杨颙，不如说是哀叹手下无人。

和曹操、孙权相比，刘备创业基础最为薄弱。群雄逐鹿之初，人才或留守北方，或避乱江东，曹操和孙权人才济济，刘备既无寸土，麾下人才寥若晨星。王夫之在《读通鉴论》中言，“先主之初微矣，因无袁曹之凭藉，屡挫屡奔。客处荆州，望不隆而士之归者也寡。及其分荆据益，蜀之所得收罗以为己用者，江湘巴蜀之士耳。楚之士轻，蜀之士躁，虽若费祎、蒋琬之誉动当时。而能如钟繇、杜畿、崔琰、陈群、高柔、贾逵、陈矫者，亡有也”。面对如此微弱的人才基础，若不是尽其所能广揽人才，深结人心，刘备难成三分之业。

批评刘备、诸葛亮在用人上存在诸多失误，并非否认他们用人之长。对于刘备的宽仁得众，时人亦有诸多赞誉。陈寿在《三国志》中评价刘备“弘毅宽厚，知人待士，盖有高祖之风，英雄之器焉”。《三国志·先主传》裴注引《傅子》曰:“刘备宽仁有度，能得人死力。”曹操谋士程昱亦云，“刘备有雄才而甚得众心”，郭嘉认为“张飞、关羽者，皆万人之敌也，为之死用”。

陈寿评价诸葛亮用人，“科教严明，赏罚必信，无恶不惩罚，无善不显，至于吏不容奸，人怀自厉”，“尽忠益时者虽仇必赏，犯法怠慢者虽亲必罚”。丞相府长史张裔称赞诸葛亮“赏不遗远，罚不阿近，爵不可以无功取，刑不可以贵势免”。这些都是时人对诸葛亮用人有方的称许。

曹操用人　唯才是举

汉献帝初平元年（公元190年），袁绍、曹操等关东诸侯起兵讨伐董卓。有天袁绍问曹操：“如果大事不成，孟德留有什么后手？”曹操没有直接回答，而是反问袁绍：“本初有何打算？”袁绍直言不讳：“吾南据河，北阻燕、代，兼戎狄之众，南向以争天下，庶可以济乎？”我手握冀州、幽州、青州、并州四州之地，南临黄河，背靠燕代，兵精粮足，足以占据战略优势，南向争夺天下。曹操则不以为然，回道：“吾任天下之智力，以道御之，无所不可”，我择天下英才而用之，用适宜的方法驾驭他们，还有什么事情办不到！

袁绍败在不能用人，“好贤而不能用，故奇士去之”。他担任冀州牧，掌控冀、幽、青、并四州后，刚愎自用，文臣荀彧、郭嘉，武将张郃、高览等先后离之而去，枢机重臣沮授、田丰等谋不得用，或被削权，或被杀戮。袁绍最终师丧地失，呕血而死。

曹操胜在能用人，将人才问题看成是政治斗争中最为根本的战略问题。1954年夏，毛泽东在北戴河吟诵曹操《观沧海》一诗后，曾对身边工作人员说，“曹操是了不起的政治家、军事家，也是个了不起的诗人”。1958年，他在接见河南安阳县委书记时高度评价曹操，“曹操这个人懂得用人之道，招贤纳士，搞五湖四海，不搞宗派”；又曾在其他场合评价袁绍“多端寡要，多谋难断，见事迟，得计迟”。

曹操阵营的重要谋士荀彧、郭嘉，最初都在袁绍帐下，袁绍对他们也十分礼敬，待为上宾，但二人观察袁绍只知效仿周公礼贤下士，却不知如何用人，做事瞻前顾后、优柔寡断，不是成大业之主。荀彧言，“绍，布衣之雄耳，能聚人而不能用”。荀彧、郭嘉最终另择曹操而侍，二人中尤以郭嘉对曹操贡献最大。南宋思想家陈亮评论，“以成魏之霸业者，昱、嘉之谋为多，而曹公尤痛惜嘉之死也”。清人朱乾亦认为“故国以一人兴，以一人亡。郭嘉归魏而魏兴……迹其兴废，关乎人才去就如此”。

建安二年（公元 197 年），曹操决定同袁绍全面开战，但又担心力量不足，召集谋士商议。郭嘉提出了袁曹实力对比的“十胜十败”论断，毛泽东对此高度赞赏，认为“（郭嘉）才识超群，足智多谋，出谋划策，功绩卓著”，“郭嘉是历史上一位杰出的智谋之士，他的十胜论几乎涉及了中国兵法思想的各个方面，切中要害，言简意赅，博大精深，古今罕成”。十胜十败论断中的四条就是用人上的胜败之别。

郭嘉认为，袁绍外表宽和内心猜忌，不能放手用人，满腹狐疑，用的都是亲戚子弟。曹操对人简单明了，内心明察秋毫，用人不疑，只凭才干用人，不问亲疏远近，这是在气度上胜过袁绍。袁绍高谈阔论，沽名钓誉，喜欢任用巧言令色之人。曹操对人推心置腹，不务虚名，忠正远见之士接踵而至，这是在

> 绍外宽内忌，用人而疑之，所任唯亲戚子弟，公外易简而内机明，用人无疑，唯才所宜，不间远近，此度胜也。

品德上胜过袁绍。袁绍内部争权夺利，大臣进谗言惑乱主上。曹操御下有方，谗言佞语根本行不通，这是在明察上胜过袁绍。袁绍没有是非标准，曹操善恶分明，对贤能人才以礼相待，对为非作歹之人坚决惩治，这是在执法上胜过袁绍。

> 绍高议揖让以收名誉，士之好言饰外者多归之，公以至心待人，不为虚美，士之忠正远见而有实者皆愿为用，此德胜也。
>
> 绍大臣争权，谗言惑乱，公御下以道，浸润不行，此明胜也。
>
> 绍是非不可知，公所是进之以礼，所不是正之以法，此文胜也。
>
> ——《资治通鉴》卷六十二

建安八年（公元203年）曹操彻底消灭袁绍势力后，为稳定冀州各郡县形势，开始从军队中选取一批有军功和才干的将领担任地方行政首长，加强对郡县的控制。有人提出不同意见，认为“军吏虽有功能，德行不足堪任郡国之选”，“可与适道，未可与权”。曹操专门下令驳斥，指出“未闻无能之人、不斗之士，并受赂赏，而可以立功兴国者也。故明君不官无功之臣，不赏不战之士；治平尚德行，有事赏功能”。他认为用人之道因时制宜，太平之世要讲求道德、品行，但多事之秋必须首重功劳、能力。

西汉察举制度发展到东汉末年，用人权逐步被世家大族掌握，选人标准从以德为先、德才兼备，蜕化成以虚名假德为依归。“德”被等异化为世家大族之间的互相品评，任人唯亲的幌子。朝政最混乱的桓灵之时，“举秀才，不知书；举孝廉，父别居。寒素清白浊如泥，高第良将怯如鸡。”这种现象背离了汉代察举制度的初衷，严重败坏了当时社会风气。在汉末三分天下、群雄逐鹿“有事”政治态势下，曹操要想脱颖而出，必须首先打破用人上的伪“德”桎梏，确立以真实才干为先的用人导向。

建安十三年（公元208年），曹操任丞相，任用崔琰、毛玠二人共同主持选官用人事务，“拔敦实，斥华伪，进冲逊，抑阿党”，选拔敦厚务实的人才，排斥花言巧语之辈，引进谦虚和睦的君子，压制结党营私的小人。梁启超评价“毛玠、崔琰为东曹掾，而士皆砥砺名节”。

但崔琰、毛玠矫枉过正，在实际工作中把廉洁简单地等同于俭朴，“吏有着新衣、乘好车者，谓之不清”，“形容不饰、衣裘敝坏者，谓之廉洁”。在这一用人导向下，官员士人把好马好车好衣服都藏起来，故意把衣服弄脏弄破穿在身上；高级官员上班自带饭食，以示不占官府便宜，甚至地方大员告老还乡时，坐着简陋的单车，穿着邋遢的衣服，蓬头垢面，打扮得乞丐一般；文官武将去丞相府汇报工作，也不骑马坐轿，而是穿着朝服徒步行走，成为许都街头一道别样的风景。

丞相府秘书和洽向曹操进言：“天下之人，材德各殊，不可以一节取也”，天下众生，才能和品德都不一样，不能只用一个标准取人；“俭素过中，自以处身则可，以此格物，所失或多”，过于俭素用于个人修养尚可，若以此为标准要求所有人，就会矫枉过正，弊大于利。

曹操接受和洽的建议，加之早年跟随曹操创业的文臣武将相继亡故，曹操集团人才状况逐渐呈现凋零之态，曹操着手对选官用人标准进行调整。建安十五年（公元210年），曹操发布《求贤令》，明确提出“唯才是举”，其大意是：

自古以来开国和中兴的君主，哪个不是得到贤德的能人和他一起

自古受命及中兴之君，曷尝不得贤人君子与之共治天下者乎！及

其得贤也，曾不出闾巷，岂幸相遇哉？上之人求取之耳。今天下尚未定，此特求贤之急时也。孟公绰为赵、魏老则优，不可以为滕、薛大夫。若必廉士而后可用，则齐桓其何以霸世！今天下得无有被褐怀玉而钓于渭滨者乎？又得无有盗嫂受金而未遇无知者乎？二三子其佐我明扬仄陋，唯才是举，吾得而用之！

——《曹操集》

治理国家的呢？在他们得到人才的时候，往往不出里巷，难道是偶然的际遇吗？是上边的人寻求发现的呀。现在天下未定，正是需要访求贤才的时刻。寡欲廉洁的孟公绰做大贵族的家臣是好的，但却当不了滕、薛这样小国的行政长官。假如非得是廉洁的人才可以任用，那么齐桓公怎么能称霸于世呢！当今天下有没有（像姜尚那样）身穿粗衣怀有真才在渭水岸边钓鱼的呢？又有没有（像陈平那样）被指斥为盗嫂受金而没有遇到魏无知推荐的呢？诸位要帮助我发现那些埋没在下层的人才，只要是有才能的就举荐出来，使我能得到而任用他们。

建安十九年（公元214年）十二月，曹操又发布《敕有司取士勿偏废偏短令》，明确提出人的“才”和“德”可以分离。其言道：

夫有行之士未必能进取，进取之士未必能有行也。陈平岂笃行，

有德行之人未必有才干，有才干之人未必有德行。陈平难道是笃

行之人吗？苏秦难道是守信之人吗？然而陈平辅助刘邦建立汉朝，苏秦帮助弱小的燕国变得强大。由此可见，有缺点的人才就可以废弃不用吗？有关部门要明白这个道理，那么就不会有被遗漏的人才，政府也不会因缺少人才而办不好事情。

苏秦岂守信邪？而陈平定汉业，苏秦济弱燕。由此言之，士有偏短，庸可废乎？有司明思此义，则士无遗滞，官无废业矣。

——《曹操集》

建安二十二年（公元217年）八月，曹操又发布了《举贤勿拘品行令》，公然提出“不仁不孝”之人亦可大用，在当时无异于惊世骇俗之举。其言道：

从前，商王汤的宰相伊挚和武丁的宰相傅说都出身卑贱，齐桓公的宰相管仲曾经是齐桓公的敌人，但商汤、武丁和齐桓公却任用他们成就自己的功业。萧何、曹参只不过是小小的县吏，韩信、陈平都背着不好的名声，受过别人耻笑，他们都能帮助打天下建立赫赫功勋且名

昔伊挚、傅说出于贱人；管仲，桓公贼也：皆用之以兴。萧何、曹参，县吏也，韩信、陈平负污辱之名，有见笑之耻，卒能成就王业，声著千载。吴起贪将，杀妻自信，散金求官，母死不归，然在魏，秦人不敢东向，在楚则三晋不敢南谋。今天下得无有至德之人放在民间；及果勇不顾，临敌力战；

扬千古。战国时名将吴起贪图功名，不惜杀掉妻子以取信于魏王，散发金钱以求做官，连母亲死了也不回去看。然而只要他在魏国，秦国就不敢向东侵犯魏国。他后来成为楚国的将军，韩、赵、魏等强国都不敢南下攻楚。现在天下难道没有很有道德的人在民间？有没有勇敢不怕死能上阵奋力杀敌的人才依然被埋没？有没有像那些看似文弱低俗实际上有很高才能的小官吏？有没有身负污名、被人耻笑但才能突出可以做将领或地方长官的人才？有没有虽然不仁不孝却有治理国家或带兵打仗本领的人呢？你们应当将所知道的人才全都推荐上来，不得有所遗漏！

若文俗之吏，高才异质；或堪为将守，负污辱之名，见笑之行；或不仁不孝而有治国用兵之术：其各举所知，勿有所遗。

——《曹操集》

三道求贤令，完整体现了曹操“唯才是举”的用人思想，在一定程度上纠正了汉末选官用人重“德行”却弄虚作假的弊端，郭沫若言，“一反东汉以来征辟察举崇尚名节德行和重视家世声望的陈规”，初步实现了曹操“山不厌高，水不厌深；周公吐哺，天下归心”的用人理想。

在求贤令中，曹操着意强调“至德”之人在民间而非世家，打破了世家大族对官场的垄断。田余庆认为曹操“破格用人主要是针对东汉选士只‘论族姓阀阅’，针对垄断选举的名士清议”。曹操唯才是举的用人思路亦有摧毁东汉世家大族旧礼制，重用寒门人士建立新秩序的政治目的。王夫之在《读通鉴论》中指出，曹操用人“任法课能，矫之以趋于刑名，而汉末之风暂息者数十年”。

凭借广求贤能、“唯才是举”的用人取向和对人才推心置腹的坦诚态度，曹操聚集了大批优秀人才。孙权称赞曹操“至于御将，自古少有”。陈寿在《三国志》中评价曹操，“官方授材，各因其器，矫情任算，不念旧恶”。司马光亦有相似评价，“王（曹操）知人善察，难眩以伪。识拔奇才，不拘微贱，随能任使，皆获其用”。

王夫之和顾炎武对曹操“唯才是举”用人思想的评价较为深刻。王夫之言道：曹操用人“争天下则有余”，“治天下则不足”，过于强调才能而忽略道德，虽能使荀彧、郭嘉、钟繇、贾诩才尽其能，但不能洞察司马懿这样的奸臣；只顾及眼前时局而未建立一套长久弘远的用人制度。顾炎武批评曹操求贤只重有治国用兵的才能，而忽略道德品行，不仅导致“权诈迭进，奸逆萌生”，更重要的是败坏社会风俗，礼义教化因曹操而遭到极大破坏。

孙氏选官　本土优先

在三国群雄中，孙氏父兄最早创建霸业，孙坚当长沙太守时，曹操还在老家春夏读书、秋冬射猎，刘备更是默默无闻；孙策占领江东广大地区时，曹操刚丢掉根据地兖州，刘备惶惶如丧家之犬奔走四方。但孙权建国却是三国中最晚的。曹丕于公元220年篡取汉朝，刘备公元221年在成都即位，而孙权公元229年才正式称帝。孙吴建国道路曲折而又漫长，与其用人政策不断调整，即官员队伍的江东本土化进程有很大关系。

孙氏家族虽是江东吴郡富春（今浙江省杭州市一带）人氏，但孙坚早年就离开家乡征战南北，和江东士人并无联络，也无深仇大恨。孙坚任长沙太守时，曾出于同乡之谊，出兵救助过江东大族代表、时任庐江太守陆康的儿子，对陆家算是有些恩德。

但到了孙策时期，孙氏和江东大族的关系急剧恶化。孙策过江时，军队主力和官员队伍都是从袁术手下借得，以淮河泗水一带的淮泗集团为主体。对江东人来说，淮泗集团为外来势力，且孙策身上还留有袁术僭越帝号的政治痕迹，因此处处遭到抵抗，世家大族拒绝与之合作。孙策进军途中，“诛其名豪，威行邻国”，大肆诛戮江东英豪，更几乎屠杀陆康全族，完全破坏了孙坚生前与陆家建立的良好关系，把江东大族几近得罪了一遍。孙策虽在江东攻城略地，但四面树敌，治理根基并不牢固，以致刚奠定基业，就在建安五年（公元200年）被人刺杀身亡。

孙策临终时，将基业托付给弟弟孙权，并对与江东大族为敌问题进行了反思。他交代孙权：“论征战沙场逐鹿天下，你不如我；论举贤任能，吸引团结各方人才为我孙家所用，在江东建立稳固的霸业，我不如你。”孙策的政治遗嘱是提示孙权改变排斥江东大族取向，与之合作，争取其支持，改造以淮泗集团为主体的官员结构，以求在江东的长期存在发展。

> 举江东之众，决机于两阵之间，与天下争衡，卿不如我；举贤任能，各尽其心以保江东，我不如卿。
>
> ——《资治通鉴》卷六十三

孙权接班后，遵照孙策的政治遗嘱，对选官用人政策进行大幅度的调整，求贤纳士。孙权曾言，“天下无粹白之狐，而有粹白之裘，众之所积也……故能用众力，则无敌于天下矣；能用众智，则无畏于圣人矣”。孙权通过张昭的推荐，大规模起用鲁肃、诸葛瑾等避乱中原寄寓江东的北方文士，“亲贤贵士，纳奇录异”，以稳住阵脚。孙权集团决策层的“文士化”，有助于改变其在江东士人中的军事侵略色彩。

此外，孙权特别任用周瑜等年轻新秀支撑危局，逐步扩大统治基础。毛泽东曾多次借孙权重用周瑜的例子来说明要敢于放手使用新人，高度肯定孙权善于用人。1953年6月30日，毛泽东在接见中国新民主主义青年团第二次全国代表大会主席团成员时指出，“要选青年干部当团中央委员。三国时代，曹操带领大军下江南，攻打东吴。那时，周瑜是个‘青年团员’，当东吴的统帅，程普等老将不服，后来说服了，还是由他当，结果打了胜仗。现在要周瑜当团中央委员，大家就不赞成！团中央委员尽选年龄大的，年轻的太少，这行吗……要充分相信青年人，绝大多数是会胜任的……青年人不比我们弱”。1957年4月上旬，毛泽东在上海召开四省一市省市委书记思想工作座谈会上谈及提拔青年干部时，又举出周瑜的例子，他说：“赤壁之战，程普四十多岁，周瑜二十多岁，程普虽是老将，不如周瑜能干，大敌当前，谁人挂帅？还是后起之秀周瑜挂了大都督的帅印……古时候可以破格用人，我们为什么不可以大胆提拔？”在1964年3月的一次谈话中，毛泽东再次借周瑜提到年轻干部的培养问题，“现在必须提拔青年干部。赤壁之战，群英会，诸葛亮那时二十七岁，孙权也是二十七岁，孙策起事时只有十七八岁，周瑜死时不过三十六岁，那时也不过三十岁左右，鲁肃四十岁，曹操五十三岁。事实上，青年人打败了老年人，长江后浪推前浪，世上新人赶旧人”。

稳住局面后，孙权逐步吸收江东本土普通士人参与军务政务，增加江东士人在军队和朝廷中的比重，为孙吴政权的本土化创造条件。鲁肃对此有言，“孙讨虏（孙权）聪明仁惠，敬贤礼士，江表英豪咸归附之”。东晋孙盛评价孙权用人，“观孙权之养士也，倾心竭思，以求其死力，泣周泰之夷，殉陈武之妾，请吕蒙之命，育凌统之孤，卑曲苦志，如此之勤也”。

孙权要在江东巩固统治，除任用当地普通士人外，更重要的是争取世家大族支持。孙权放下身段，倾心接纳，起用会稽的虞、魏等大族，对他们既使用又防范。在淮泗集团人才日渐凋零，孙吴政权必须与江东大族连为一体才能存续发展的关键时刻，孙权果断起用陆家陆逊为都督执掌军权，而之前的三个都督周瑜、鲁肃、吕蒙均非江东本地人氏。田余庆指出，“陆逊仕途的转折点，是在孙吴政权江东化的关键时刻，受命为吴军上流统帅。陆逊是孙吴政权江东化最具象征性、最为关键的人物”。

黄武四年（公元 225 年）六月，孙权拜江东顾雍而非老臣张昭为丞相。江东大族继在军事上取得统帅地位后，又在政治上取得首辅位置。顾雍拜相，实现了东吴当轴文职江东本土化的转变，标志着东吴政权历时约三十年江东本土化用人政策调整的完成。

但后来孙权在这一改革中走过了头。在江东本土化的用人政策调整中，孙权对江东大族让步过多，过于宽纵。东吴四大姓顾陆朱张，尤其是顾陆两家子弟充斥朝野，泥沙俱下，选人用人中出现大面积腐败现象。负责选官事务的选部尚书暨艳激浊扬清，大力裁汰整顿，得罪四大家族，怨声四起。在四大家族压力下，孙权严惩暨艳，逼其自杀，以维护江东大族的入仕特权。三国之中，孙吴官员队伍的腐化程度远较魏蜀为甚，显然与孙权在选官用人上对江东大族的特殊照顾有很大关系。王夫之在《读通鉴论》中有言，“以族姓用人者，其途隘；舍此而博求之，其道广”。

在具体用人上，孙权也颇有可取之处。孙策在世时，任用吕范负责财务事宜。当时孙权还小，经常私下向吕范要求多开支些钱财。吕范不但不给孙权方便，还向孙策汇报孙权的账目，建议孙策对孙权严加管束。孙权后来代理阳羡（今江苏省宜兴市一带）县令，县里主管人事的功曹周谷帮孙权造假账，使他顺利通过孙策的账目审查。孙权当时很感谢周谷，觉得此人不错。孙权主持大局后，对吕范、周谷的任用上发生重大改变。孙权“以范忠诚，厚见信任”，认为吕范对孙吴政权忠诚老实，坚守职责，对其愈加重用。“以谷能欺更簿书，不用也”，认为周谷上下其手伪造文书，媚上欺下，弃之不用。黄武七年（公元228年），孙权提拔吕范为“三公”之一，即名义上的最高军事长官大司马，虽只是荣誉性职务，但亦可见孙权对吕范的器重。孙权路过吕范墓时，悲从心来，泪流满面。吕范不徇私情，秉公处事，虽曾惹得孙权大怒，却最终位列三公；周谷专事逢迎，弄虚作假，虽一时获得孙权欢心，却最终被弃而不用，由此可见孙权用人之明。

孙权用人，尤其是在任用地方军事主官上，能够做到放手信用。赤乌二年（公元239年）十月，孙权调平南将军吕岱驻防武昌，与陆逊共同主持荆州防务。吕岱时年八十，但“体素精勤，躬亲王事，与逊同心协规，友善相让”。十二月，东吴驻守广西一带的将领廖式造反，叛军数万人。吕岱请缨后，不等孙权批复就带兵南下平叛。孙权不但没有怪罪吕岱擅自发兵，反而派遣使节任命他为交州（今我国广东、广西，越南北部一带）牧守，统筹平叛事宜。胡三省对此评价道，“当方面者当如吕岱；委人以方面者当如孙权”。

三国乱世，群雄辈出。曹操、孙权、刘备周围都聚集一批人才助其成就霸业。曹操有荀攸、贾诩、郭嘉、刘晔、管宁、毛玠等谋士名臣，孙权有周瑜、鲁肃、甘宁、凌统、黄盖、蒋钦等肱股心腹，刘备有诸葛亮、费祎、董允、向宠等人杰忠士。而曹操、孙权、刘备三人之中，用人成就亦有大小之分。苏辙认为，

“今夫曹操、孙权、刘备，此三人者，皆知以其才相取，而未知以不才取人也。世之言者曰：孙不如曹，而刘不如孙”。王夫之也认为在用人上，刘备不如孙权，“先主（刘备）之知人而能任，不及仲谋远矣。仲谋之于子瑜也、陆逊也、顾雍也、张昭也，委任之不如先主之于公（诸葛亮），而信之也笃，岂不贤哉”。

魏蜀吴在用人上尽管各有千秋，利弊互现，但重视人才、善用人才是他们的共同特点。刘备诸葛亮以自身人格魅力对人心的收揽，曹操“唯才是举”破旧立新的大胆改革，孙权本土化用人政策的调整，都是正面的经验。而刘备诸葛亮的涿郡、荆楚集团本位主义，曹操对“德”的片面摒弃，孙权对江东大族入仕特权的过多让步，亦是历史教训。

唐太宗的五湖四海

作为中国古代最负盛名的千古一帝，唐太宗李世民打造出历史上最具魅力的治世——贞观之治。这既源于李世民本人的雄才大略，也是正确用人政策带来的人才集聚效应。李世民用人最鲜明的特征是五湖四海，他能广泛地把不同阵营甚至是敌对势力的人才团结在自己周围。曾国藩曾高度评价太宗时的人才之盛，“自古英哲非常之君，往往得人鼎盛。若汉之武帝，唐之文皇……其时皆异材勃起，俊彦云屯，焜耀简编”。

捐弃前嫌　转化对手

早在晋阳（今山西省太原市一带）起兵之前，李世民就善于结交各路英雄，主要是一些有显赫家世又被隋炀帝处分过的落魄之人，如刘文静、长孙顺德、刘弘基等。权贵世家窦琮早年和李世民有过节，因躲避朝廷刑罚来到晋阳。李世民多方修补双方关系，甚至带着他随意出入自家卧房。在中国古代的社交礼仪中，这是一项特殊友谊。窦琮从此和李世民化干戈为玉帛，同心勠力。

在从晋阳进军关中的战斗中，李世民广泛收拢沿途起义军的大小首领，将他们纳入帐下担任各级将佐。打进长安后，李渊要斩杀与其素不和睦的原马邑郡丞李靖。李世民坚持请求父亲放过李靖，最终从刀口下救出李靖，召至幕府，收为己用。

唐朝建立后，李世民以秦王身份继续南征北战，收揽大量敌方文臣武将，原刘武周帐下的尉迟敬德就是其一。

武德三年（公元620年）九月，李世民东征洛阳，仗打得很艰苦，有人怀疑尉迟敬德要叛逃，就把他囚禁起来，还劝李世民将其杀掉以除后患。李世民表示绝对信任敬德，不但把他释放，还赐重金抚慰，若敬德执意要走，这笔钱就当作路费相赠。敬德当即表示肝脑涂地无以为报，从此成为李世民最为忠诚的班底之一。几天后，李世民率五百骑兵巡视战场，被王世充一万精骑包围。敌军大将单雄信手持长矛，直刺李世民而去。千钧一发之际，尉迟敬德拍马来战，保护李世民突出重围。

太子李建成送给尉迟敬德“金银器一车”，并修书一封，试图拉拢。敬德当即严辞拒绝，表示李世民对他有“更生之恩”，此生惟当杀身以报之。“若私交殿下，乃是贰心，徇利忘忠，殿下亦何所用”。敬德将此事告知李世民，李世民称赞他“心如山岳，虽积金至斗，知公不移”。

李世民宽广的用人胸怀突出表现在玄武门之变后对李建成、李元吉旧部的使用上。

李建成、李元吉旧部主要是文臣王珪、魏徵、韦挺，武将冯立、谢叔方、薛万彻等。王珪负责李建成东宫日常事务；魏徵曾劝说李建成先下手为强铲除李世民；韦挺是李建成发小，是其最为看重的心腹。冯立、薛万彻是太子东宫警卫部队重要将领，谢叔方是李元吉手下爱将。政变发生时，他们率军攻打玄武门和秦王府，兵败后隐匿终南山。

玄武门事变后，李世民手下将领欲将与李建成、李元吉有过交集的官员一网打尽。关键时刻，尉迟敬德极力反对，“罪在二凶，既伏其诛；若及支党，非所以求安也”。李世民随即通过李渊下诏，“赦天下，凶逆之罪，止于建成、元吉，自余党与，一无所问”，这次政治斗争只到李建成、李元吉为止，彰显了既往不咎的胸怀度量。冯立、谢叔方、薛万彻先后回到长安请罪，李世民当即赦免，让他们继续担任军队和皇宫警卫部队高级将领。谢叔方和冯立后来外放地方担任刺史、都督，成为封疆大吏；薛万彻一生从戎，参加了攻打突厥、吐谷浑、薛延陀、高句丽等战役，拜右卫将军，成为唐军三大名将之一。

玄武门之变后不久，躲在长安的魏徵被抓。李世民质问魏徵：你为何在我兄弟之间挑拨离间。魏徵从容不迫回道：如果你哥早听我的，今天哪还有你说话的份儿。李世民就听出魏徵弦外之音：我一身才华，可惜报国无门，你哥不用，你有这个肚量用吗？李世民一直很欣赏魏徵的才干，当即拜他为詹事主簿，负责东宫日常事务。

任用魏徵后，李世民又将韦挺和王珪提拔重用。韦挺先是担任尚书右丞，后提拔为御史大夫。王珪从谏议大夫起家，和魏徵最后都做到了门下省长官侍中。唐太宗贞观时期，门下省是中央政务中枢核心机构。按照唐制，皇帝的命令不经过门下省长官侍中副署，不能生效。可见李世民对王珪、魏徵的信任和重用。李世民亦有言，“魏徵、王珪，昔在东宫，尽心所事，当时诚亦可恶。我能拔擢用之，以至今日，足为无愧古人”。经过一番努力，李世民成功将政治对手李建成、李元吉的班底从对立面转化成股肱之臣，彰显了其“为官择人，惟才是与。苟或不才，虽亲不用……如其有才，虽仇不弃”的用人之道。在用人方面，魏徵、王珪为李世民贡献了不少经典思想。

贞观四年（公元 630 年）的一天，唐太宗宴请各位宰相，席间让王珪对在座诸人逐一点评以助兴。王珪当即侃侃而谈：对朝廷鞠躬尽瘁、深谋远虑，臣不如房玄龄；文武全才，上马带兵破阵，下马拜相治民，臣不如李靖；制定政策具体可行，汇报工作详略得当，臣不如温彦博；处理急难险重问题，各项工作都井井有条，臣不如戴胄；为陛下您赶不上尧舜而羞耻，以谏诤为己任，臣比不上魏徵；但激浊扬清、爱憎分明、公正无私，我比在座各位还是略有所长。王珪点评完毕，太宗君臣都认为评价至当。

贞观六年（公元 632 年）某日，唐太宗对魏徵说："为官择人，不可造次"，"用一君子，则君子皆至"，"用一小人，则小人竞进矣"。魏徵对此深表赞同，又进一步发挥唐太宗的观点："天下未定，则专取其才，不考其行"，天下大乱时，可以侧重才能，对道德品行不做过多要求。"丧乱既平，则非才行兼备不可用也"，天下太平，非用德才兼备之人不可。

用人以诚　信任不疑

太宗对房玄龄的信任是古代君主用人不疑的典范。李世民登上帝位后，任命房玄龄为最高决策机关中书省长官中书令。贞观元年（公元 627 年），唐太宗指示房玄龄："官在得人，不在员多。"在太宗的支持下，房玄龄大刀阔斧裁减冗员，朝廷各部门只保留 643 名官员。

贞观三年（公元 629 年），唐太宗提拔房玄龄为左仆射，将杜如晦迁为尚书省右仆射，并为宰相。尚书省是唐代中央最高政务机关，是朝廷各部门和地方州县政务的荟萃之地，事务繁杂。房杜二人拜相后，将主要精力放在处理日常政务上，唐太宗对此不满，与二人谈话："公为仆射，当广求贤人，随才授任，此宰相之职也"，"比闻听受辞讼，日不暇给，安能助朕求贤乎"。宰相的职责是选贤任能，你们每日忙于日常事务，怎么能帮助朕访求贤人呢？

太宗还着意交代二人要量才授职，"有武艺谋略，才堪抚众者，任以边事；有经明德修通悟性理者，任以侍臣；有明干清悫处事公平者，任以剧务；有学通古今识达政术者，任以治人"。

贞观十九年（公元645年），太宗亲征高丽，任命房玄龄为京师长安留守，全权负责处理朝廷日常政务。有人到朝廷告发房玄龄谋反，房玄龄为避嫌，将告状之人送到太宗前线行营，请太宗圣裁。太宗怒问告谁谋反，那人言"房玄龄"。太宗当即下令将告状之人腰斩。随后去信责备房玄龄"不能自信"，要求房玄龄再遇到类似情况，直接处置。此事虽然有贞观末年房玄龄与长孙无忌两派党争的特殊政治背景，但可见太宗对房玄龄的信任保护。

贞观二十一年（公元647年），太宗在翠微宫休养时下诏将司农卿李纬提拔为户部尚书。有人到翠微宫奏报工作，太宗问他：房玄龄对李纬提拔之事有何看法？那人回道：房玄龄只是说李纬的胡子很漂亮。太宗当即下诏改任李纬为洛州（今河南省洛阳市一带）刺史。很显然，房玄龄并不认为李纬的能力足够担任户部尚书，而太宗也及时根据房玄龄的意见，修正了对李纬的任命。

唐太宗对房玄龄等人信任不疑、放手任用，和他对隋朝尤其是隋文帝治国教训的认识有很大关系。贞观四年（公元630年），唐太宗曾问宰相房玄龄和萧瑀应如何评价隋文帝。

房玄龄、萧瑀回答，隋文帝克己复礼，勤劳思政，主持御前会议有时至太阳西落，与五品以上官员一起讨论政务，累得侍卫都不能按时换岗，只能一边站岗一边吃饭。虽然文帝算不上仁厚英明的皇帝，却也是励精图治、兢兢业业。

唐太宗对此却不以为然，言道：你们只知其一，未知其二。隋文帝生性苛察却不识大体。不识大体就考虑不周，过于苛察就疑虑重重。当初从北周皇室孤儿寡母手里夺得天下，内心深处生怕大臣不服气，对宰相百官极不信任，大小事都要自己裁决，虽劳神疲惫，却不能事事合乎情理。大臣们深知其本意，不敢直言，从宰相到小吏，只有顺从而已。我是不会像隋文帝那样做的。天下之广，四海之众，千头万绪，一个人怎么能事必躬亲？必须要和各部门官员一起集思广益，依靠宰相筹划，事情谋划妥当方能奏报执行。皇帝一人怎么能做到日理万机？一天作出十个决策，尚且可能有五个不正确，作出的正确决策固然很好，可那些错误的决策怎么办呢？日积月累，错误决策越来越多，怎能不亡国？岂如广任贤良，朕总揽全局、深刻洞察，严肃法纪，明镜高悬之下，还有谁敢胡作非为！太宗当即指示各部门，以后接到诏敕圣旨，若发现于法不合、于事不便之处，必须及时向皇帝提出修改意见，不能简单地执行。贞观时期的政治清明，唐太宗的深刻自省、宽广胸怀和用人不疑，造就了贞观时期的清明政治。王夫之在《读通鉴论》中有言，“命官图治之道，莫大乎官各明其守，而政各任于其人”。

兼收并蓄　用人如器

唐太宗认为，“能安天下者，惟在用得贤才”，“为政之要，惟在得人，用非其才，必难致治；今所任用，必须以德行、学识为本”。他常言，“选天下之才，为天下之务，委任责成，各尽其用”。贞观一朝，人才济济，各有所长而又能互补短板、互相配合。唐宋八大家之一曾巩评论，“当房杜之时，所与共事则长孙无忌、岑文本，主谏诤则魏郑公（魏徵）、王珪，振纲维则戴胄、刘洎，持宪法则张玄素、孙伏伽，用兵征伐则李勣、李靖，长民守土则李大亮。其余为卿大夫，各任其事，则马周、温彦博、杜正伦、张行成、李纲、虞世南、褚遂良之徒，不可胜数”。

面对来自不同阵营、不同出身的济济人才，太宗以宽广的胸怀兼收并蓄，坚持五湖四海，留下一个个发人深省的用人事迹，和一句句醍醐灌顶的用人语录。

“不可以私恩滥与勋臣同赏。”武德九年（公元626年），刚刚登基三个月的唐太宗，召集功臣排定封爵等级和座次，并征求当事人意见。太宗叔父淮安王李神通对把房玄龄、杜如晦排在皇亲国戚前极度不满，提出“臣举兵关西，首应义旗，今房玄龄、杜如晦等专弄刀笔，功居臣上，臣窃不服”。太宗当即驳斥：“义旗初起，叔父虽首唱举兵，盖亦自营脱祸。及窦建德吞噬山东，叔父全军覆没；刘黑闼再合余烬，叔父望风奔北。玄龄等运筹帷幄，坐安社稷，论功行赏，固宜居叔父之先。叔父，国之至亲，朕诚无所爱，但不可以私恩滥与勋臣同赏耳。”朕不能因与你的私亲关系，就与功臣同等赏赐，废弃朝廷的用人法度。

“择贤才而用之，岂以新旧为先后。”这次功臣排序，原李建成、李元吉班底中人排位比较靠前。房玄龄提醒太宗：秦府（李世民为秦王时府邸）没有升官的旧日之臣满腹牢骚，说跟随陛下鞍前马后出生入死，官位反而没有东宫齐王府那帮人高，这算什么事！太宗要房玄龄转告他们：皇帝只有至公至正、公平无私，才能让天下人都信服。设职选官是为百姓服务的，要用贤德能干之人，不能以新人旧人为标准。如果新人贤能，旧人愚劣，怎么王者至公无私，故能服天下之心。朕与卿辈日所衣食，皆取诸民者也。故设官分职，以为民也，当择贤才而用之，岂以新旧为先后哉。必也新而贤，旧而不肖，安可舍新而取旧乎？今不论其贤不肖而直嗟怨，岂为政之体乎？
——《资治通鉴》卷一百九十二

能舍弃新人起用旧人呢？他们不问能力大小、贤能与否而生怨恨，岂是为政之体？

“天子以四海为家，不当有东西之异。”贞观元年（公元627年）时，“上尝语及关中、山东人，意有同异”，太宗经常说关中人（函谷关以西的人）如何，山东人（即崤山以东的人）如何，话里话外颇有些分别（太宗是关中）。大臣张行成劝他：“天子以四海为家，不当有东西之异，恐示人以隘”，天子应该把天下当成一家人，不应有东西之别，否则恐怕让人觉得您心胸狭隘了。太宗听后很高兴，重赏了张行成，并让他经常参与朝廷大政决策。

“君子用人如器，各取所长。”贞观初年，百废待兴，太宗汲汲以求贤为意，让时任右仆射（尚书省副长官）封德彝举贤荐能，可封德彝一直举不上来。太宗批评他，封德彝辩驳：“非不尽心，但于今未有奇才耳。”太宗教训封德彝：“君子用人如器，各取所长，古之致治者，岂借才于异代乎？”君子用人如同使用器物，要尽量看到人才的长处，不能只盯着短处。古代那些创造太平盛世的君主，难道都是从其他朝代借的人才？“正患己不能知，安可诬一世之人”，你应为不能识别人才而羞愧，怎能侮辱这世上没有可用之人？

贞观三年（公元629年），因久旱无雨，太宗让群臣对朝政得失提出意见。中郎将常何只会打仗，不懂朝政，抓耳挠腮写不出来，就让家客马周代笔。马周洋洋洒洒替常何写了二十多条意见建议。太宗很是奇怪，常何一介武夫怎能有这般见识？常何知道欺瞒不过，就说了实话，这都是马周替臣起草的。太宗当即要召见马周。还没等马周赶到，太宗又连派了几拨人去请，足见求贤若渴之心。君臣相见一番长谈，太宗为得贤而乐不可支，赞许常何善于知人，赏赐给常何三百匹绢布，不久任命马周为监察御史。马周后来多次上疏针对朝政弊端提出建议，太宗后任命其为宰相。毛泽东曾评价马周才德要超过傅说、姜太公，“傅说、吕望何足道哉，马周才德，迥乎远矣”。

太宗对自己的用人之道有很清醒认识，能够自我给出恰当评价。贞观二十一年（公元 647 年），太宗曾在翠微宫和群臣深入探讨用人之道，他言道：

自古大部分帝王都嫉妒胜过自己的人，朕看见别人的才能就像自己拥有一样；人的品行和才能不能兼备，朕常弃其所短、取其所长；人主往往引进贤人时恨不得将其拥进怀里，罢黜无能之人恨不得将其推进沟壑，朕对贤者多加礼敬，对不成器者怜惜关爱，所以贤者和不成器的人都能得到合适的安排；人主多厌恶正

自古帝王多疾胜己者，朕见人之善，若己有之。人之行能，不能兼备，朕常弃其所短，取其所长。人主往往进贤则欲寘诸怀，退不肖则欲推诸壑，朕见贤者则敬之，不肖者则怜之，贤不肖各得其所。人主多恶正直，阴诛显戮，无代无之，朕践阼以来，正直之士，比肩于朝，未尝黜责一人。自古皆贵中华，贱夷、狄，朕独爱之如一，故其种落皆依朕如父母。此五者，

直的人，或暗下毒手或公开诛杀，朕登基以来正直之士充盈于朝廷，未尝罢黜责罚一人；自古帝王多贵中华、贱夷狄，唯独朕一视同仁，所以各民族都视朕为父母。正因为以上五点，朕才成就今日之功。

朕所以成今日之功也。
——《资治通鉴》卷一百九十八

柏杨在《现代语文版资治通鉴》中，对太宗总结的五条用人经验高度肯定，“李世民先生自述成功原因，不是自夸，因为他确实建立了盖世的丰功伟绩；出于己口，说明他的自信和对自己的认识之深。”

正是建立在五湖四海的正确用人政策基础上，贞观时期，虽经济仍处于恢复发展阶段，国家富裕程度远不及后来的开元盛世，但因其政治清明，群贤毕至，政风宽和，而成为中国古代明君贤臣的精神向往。《旧唐书》对此总结道，“（唐太宗）拔人物则不私于党，负志业则咸尽其才。所以屈突、尉迟，由仇敌而愿倾心膂；马周、刘洎，自疏远而卒委钧衡。终平泰阶，谅由斯道”。

当然，英明如太宗，也没能将贞观前期正确的用人路线一以贯之坚持到底。贞观十三年（公元 639 年），魏徵上《十渐不克终疏》，批评太宗用人渐不如前。“贞观之初，求贤如渴，善人所举，信而任之，取其所长，恒恐不及。近岁已来，由心好恶，或众善举而用之，或一人毁而弃之，或积年任而用之，或一朝疑而远之”，以致“守道者日疏，干求者日进，所以人思苟免，莫能尽力”。太宗后期杀刘洎、疑李勣等，都是凭一己好恶用人和疑心渐重的表现。

贞观二十二年（公元648年）正月，自知不久于人世的太宗作《帝范》十二篇赐予太子，涉及君体、建亲、求贤、审官、纳谏、去谗、戒盈、崇俭、赏罚、务农、阅武、崇文十二个方面，教育太子为君之体、治国之道。十二篇《帝范》中，有两篇直接与选人相关，是太宗一生用人经验的深度总结。

太宗在《帝范·求贤》中指出，忠贤辅佐对于治国的重要性。他在书中言道：

济时匡世，辅佐君王，必须要有忠良之士。国家倘若任用了正直的忠臣，天下自然就会大治。所以尧帝任命了“四岳”为臣，舜帝任用“八元”来治理天下。通晓古今事务的学识之士、贤达清明的杰出人才，处身立世，在未遇明主、怀才不遇之际，都要深深地隐藏自己，等待时机，就像鳞翼等待风云一样。决心有所作为的贤达之士，必定在暗中修养自己的学识和品德，然后等待圣主贤臣会遇之际，施展抱负。所以明君圣主广求俊杰，博访英贤，连隐僻鄙陋之处的人才都要想方设法寻找出来。只要是有用之才，就不会因为他出身卑贱而不用他，也不会因为他受过折辱而不尊重他。从前，辅佐商汤夺取天下的伊尹，开始时只是有莘氏的一个媵臣。辅助周武王的吕望，最初只是在渭水河边垂钓的贫贱老人；管仲因射杀齐桓公而曾被囚禁监狱，韩信因不被刘邦信任而逃走。商汤并没有因为伊尹是个厨师而感到羞耻，周文王不以姜太公垂钓的经历为耻。结果伊尹辅佐成汤，使殷商国运得以延续；太公辅佐周室，使周成为天下共主。齐桓公九合诸侯，一匡天下，靠的都是管仲的谋略。

汉朝能够拥有天下，实际上也是依赖韩信的策略。如果要乘船渡海，必须要借助划船的工具；鸿鹄要凌云翱翔，必须要有羽毛和翅膀；帝王治理国家，也必须要借助能够匡辅国家的贤才。所以，要在搜寻人才上下功夫，一旦任用了能干的人，就可以一劳永逸。即便是拥有前后能够各照亮十二辆车子的宝珠，即便是拥有成千上万的黄金，也不如多拥有一些人才，不如得一贤士贵重。这就是贵在求贤的道理。

《帝范·审官》具体阐述了用人如器的观点。

明智的君主任人选官，就好像能工巧匠选用木料一样，直的就让它做车辕，曲的就让它做车轮；长的就用它做栋梁，短的就用它做拱角。总之，不管曲直长短，都能派上用场。圣明的君主选用人才，也是一个道理。如果是有智慧的人，就用他的谋略；如果是比较愚笨的人，就使用他的蛮力；如果是勇敢的人，就使用他的威武；如果是胆小的人就使用他的谨慎；如果是既不算太聪明也不算太笨、既不是很勇敢也不是特别胆小的，就综合用他能力和特点。所以，对于一个良好的工匠来说，没有无用的材料；对于一个圣明的君主来说，没有无用的人。对于一个人，不能因为他做了一件坏事，就忘掉他做过的所有的好事。使用一个人才，也不能因为他有一点小的过错，就抹杀掉他所有的功绩。作为国家，应该根据不同的政务，分设不同的职能部门来管理，这样就可以人尽其用。能容纳一头牛的大鼎，就不适合用来煮鸡；狸猫只能捕鼠，不可以让它去与猛兽搏斗；只能放三十斤东西的容器，不能让它去容纳长江和汉水；能装几百石粮食的车，不能只放几斗几升谷粟。大的东西和小的东西容量不一样，将轻的东西当重的东西用，就会不适宜。人与人的智慧和能力是有区别的，有的人智慧多、能力大，有的人智慧少、能力小。对于才能小的人，不能让他担当重任。对于能力不大的人，不能给他大的职务。君主如果委任官员合适，那么他就可以高枕无忧，不用操劳就可以把国家治理好。如果是这样，那说明设官分职、任用人员是比较允当的。用人得当还是失当，这是国家治乱的根本原因。为一个国家来治理万民，要依靠忠良之臣共同的德行；宣播仁风，化导美俗，要寄托在明哲贤能的人身上。星星虽然很小，但它们列布于天空，也可以给晚上的月照增加光芒；地上的小小河流，水虽然很少，但也可以给大海增添一点水。大海那么深广，月亮那么明朗，仍然需要借助其他的东西来壮大自己。作为国君，居上临下，总统三极，循理四时，以自己的方寸之心，来料理整个天下的事务，如果不去借助众人的智慧和力量，怎么能够成功呢？所以必须明辨职位大小，审识贤俊可否、材能短长，分颁爵禄。如果用人得当，就会仁风流行，教化得施；如果用人不得当，就会教化不行，有伤人伦。因此说，知人善任非常重要，就连尧帝也感觉到知人很难，一定要慎重对待啊！

太宗用人如器的理论与现实中选人用人实践高度统一。戴胄“虽有干局”，办事能力很强，“而无学术”，学识一般，读书不多，太宗发挥他为人“清直”长处，让他担任大理寺副长官大理少卿一职。戴胄在大理寺执法平恕，敢于犯颜护法，太宗评价他“法有所失，公能正之，朕何忧也”。太宗对朝廷文臣武将的所长所短，也都了然于胸，曾当众点评长孙无忌、房玄龄等人，“长孙无忌善避嫌疑，应物敏速，决断事理，古人不过；而总兵攻战，非其所长。高士廉涉猎古今，心术明达，临难不改节，当官无朋党；所乏者骨鲠规谏耳。唐俭言辞辩捷，善和解人；事朕三十年，遂无言及于献替。杨师道性行纯和，自无愆违；而情实怯懦，缓急不可得力。岑文本性质敦厚，文章华赡；而持论恒据经远，自当不负于物。刘洎性最坚贞，有利益；然其意尚然诺，私于朋友。马周见事敏速，性甚贞正，论量人物，直道而言，朕比任使，多能称意。褚遂良学问稍长，性亦坚正，每写忠诚，亲附于朕，譬如飞鸟依人，人自怜之”，评价三大将李勣、李道宗、薛万彻，“于今名将，惟（世）勣、道宗、万彻三人而已，（世）勣、道宗不能大胜，亦不大败，万彻非大胜则大败”。

太宗将《帝范》交给太子时，语重心长说道，“修身治国，备在其中。一旦不讳，更无所言矣”。显然，太宗将此书作为政治遗嘱，对太子进行最后的政治交代。一年后，贞观二十三年（公元649年）七月，太宗驾崩。

从选官用人的角度来说，唐太宗一手打造的贞观之治，也可以说是任贤致治；而贞观之治在中国历史上的永久魅力，恐怕也正在于太宗五湖四海的用人胸怀。

武则天的“进退皆速”

“进退皆速”，是唐朝名相陆贽对武则天用人政策的概括，意即一旦发现合适的人才，能够迅速提拔；同时加强考核，如若发现官员名不副实、德不配位，或者作奸犯科，立马予以调整，连贬几级甚至罢官免职。毛泽东针对武则天“进退皆速”的用人特点，点评道“不简单，简直是了不起……确实是个治国之才……她既有容人之量，又有识人之智，还有用人之术。她提拔过不少人，也杀了不少人，刚刚提拔又杀了的也不少”。“进退皆速”的基础，则是尽可能地扩大选人用人面，让尽可能多的人进入朝廷和皇帝的视野。

> 求才贵广，考课贵精。往者则天欲收人心，进用不次，非但人得荐士，亦得自举其才。然而课责既严，进退皆速，是以当代谓知人之明，累朝赖多士之用。
>
> ——《资治通鉴》卷二百三十四

快速提拔　巩固势力

武则天为称帝，采取了一些非常手段，快速提拔了一批告密和鼓吹她称帝的心腹之人。

光宅元年（公元 684 年）二月，武则天废中宗为庐陵王。政变后有天夜里，羽林军十来个军士在巷子里喝酒。其中一人发牢骚，说这次政变未得到一分钱赏赐，不如再发动一次政变，把庐陵王请回来再当皇帝，说不定富贵无边。另一人听到后假装喝醉离席，转身就去实名举报有人谋反。那帮喝酒的军士全部被逮捕。说要迎回庐陵王的那人当即被斩首，其余人以知情不报的罪名判处绞刑，只有告密的人被提拔为五品官。于是，“告密之风大兴”。武则天通常会亲自接见告密之人，只要告密的内容合乎她心意，就立即授官。告错了也不会处罚，以示言者无忌。越来越多的人加入告密求官队伍中来。侯思止揭发舒王李元名谋反，武则天提升他为五品将军，侯思止却要做一个八品的监察御史。武则天说你不识字，当不了御史。侯思止回道：獬廌也不认识字，却能用角去顶那些奸邪之人，我也要做太后的獬廌。武则天当即任命他为六品侍御史，并加挂五品朝散大夫头衔。另一告密人王弘义，也被武则天提拔为七品殿中侍御史加挂五品将军头衔。

天授元年（公元 690 年）九月初三，侍御史傅游艺鼓动关中地区九百多百姓到皇宫请愿，请求武则天称帝，否则坚决不走。武则天提拔傅游艺为五品给事中。这一示范效应明显，六万多官民百姓都涌向皇城，请求武则天取唐而代之。九月初九，武则天宣布顺应民意，勉为其难，革唐命，建立大周。九月十三，武则天将傅游艺从给事中直接提拔为宰相。一年之中，傅游艺火速提拔，换了蓝色（八九品官服）、绿色（六七品官服）、红色（四五品官服）、紫色（三品以上官服）四套官服，被人称为“四时仕宦”。

武则天起用告密之人为官更多是一种权宜之计，为称帝提供了有力支持，但也严重破坏了既有选官秩序。武则天稳定政局后，立即动手清除其中的不合格分子。傅游艺仅仅当了一年宰相，就被逼自杀，侯思止被杖杀，王弘义流放海南后被杀。

武则天对朱前疑的使用更是如此。朱前疑很会做梦，很能梦到武则天的心坎上。先是上书说梦见武则天长命八百岁，武则天任命他为八品拾遗；又说梦见武则天白发变黑，牙齿再生，武则天提升其为六品驾部郎中。朱前疑视察地方归来，报告说亲耳听到嵩山高呼女皇万岁，武则天特赐给他四五品官员才能有的红色笔墨袋。不久朝廷出兵征讨契丹，号召百姓捐款出力，凡捐助一匹马者就可享受五品官待遇。朱前疑买了匹马捐给朝廷后就整天要求升官。武则天厌烦了这个既贪心又卑鄙的小人，下令把朱前疑的马还给他，免去其所有官职，赶回老家，让他一夜回到原点。

大开试官　课责从严

除了对个别官员的火速提拔，武则天还通过对选官用人制度的调整，进一步扩大选人用人范围，极力扩大武周政权的统治基础，首先是改革科举制度。

天授元年（公元 690 年）二月，武则天亲自在洛阳宫殿主持科举考试，创立了科举考试最高层级殿试，使参加科举者从此成为天子门生，更好笼络士人。长安二年（公元 702 年）正月，武则天开创武举，选拔军事人才。武则天执政期间，大规模扩大科举录取人数，根据学者统计，唐高祖在位 9 年录取进士 56 人，年均 6.2 人；太宗临朝 23 年录取 205 人，年均 8.9 人；唐高宗执政 33 年录取 555 人，年均 16.8 人；武则天掌权 21 年录取 464 人，年均 22 人。

改革科举制度同时，武则天为更广泛搜罗人才，推行了在唐朝历史上引起极大争论的试官制度。天授元年（公元 690 年）十月，武则天派十个钦差分赴全国各地巡视，重要任务之一就是发现并向朝廷举荐人才。长寿元年（公元 692 年）正月初一，武则天接见钦差推荐上来的人才，不管能力大小、才学高低，全部予以录用，任命为试官，即见习代理官员。官职高至代理中书省中书舍人、门下省给事中；低至代理尚书六部员外郎、御史台侍御史、补阙、拾遗；最差也是校书郎。根据洪迈在《容斋随笔》中的统计，61 人被任命为拾遗、补阙，24 人获任侍御史，24 人授任著作郎，23 人被任用为卫佐校书，“凡百三十二人，同日而命”。试官制度由此产生。时人张鷟曾批评道，“选人冗冗，甚于羊群；吏部喧喧，多于蚁聚。若铨实用，百无一人”。

当时有好事者写打油诗讽刺，说“补阙连车载，拾遗平斗量；欋推侍御史，滴脱校书郎”，有个叫沈全交的举人还接了两句，“阱心存抚使，眯目圣神皇”，意思是糊涂钦差，瞎眼女皇。在这次试官选拔中被任命为御史的纪先知逮捕沈全交，弹劾其诽谤朝政，对女皇大不敬。武则天毫不在意，笑道：“但使卿辈不滥，何恤人言！直释其罪”，意思是只要你们有真才实学，不要像打油诗说的那么无能，不辜负朕的提拔厚爱，对别人的话又有什么可忧虑的呢！特赦其罪。

> 太后虽滥以禄位收天下人心，然不称职者，寻亦黜之，或加刑诛。挟刑赏之柄以驾御天下，政由己出，明察善断，故当时英贤亦竞为之用。
>
> ——《资治通鉴》卷二百五十

针对这次试官改革，司马光点评道：武则天虽然大开仕进之门以收揽人心，但对于不称职的人，亦能迅速罢黜，或加以刑罚诛戮；以恩威并施的手段驾御天下，政由己出，明察善断，所以当时英贤都为之所用。赵翼亦评价武则天"独握其纲，不惜官爵，笼豪杰以自助，有一言合则不次用之，不称职也废诛不少假"。根据学者统计，从垂拱元年（公元685年）到神龙元年（公元705年），武则天执政的21年间，先后任用73人担任宰相，其中被贬被杀者多达40人，在相位善终者仅4人。多数宰相在位仅三五年，在位最短者不到一月。学者胡如雷在《关于武则天研究中的几个问题》一文中认为，"这种朝除夕免的不正常状况使一个人很少能够久安其位，尤其是作风正直的人更难久居相位"。

试官制度后来引起重大非议，是因为这一制度被武则天的儿子中宗睿宗、女儿太平公主、儿媳韦皇后、孙女安乐公主大规模滥用，在扩大入仕群体的同时，却放弃了循名责实的考核制度，等于只大开入口却关闭出口，导致试官人数越来越多，得不到有效淘汰，以致弊端丛生。

推行试官制度之外，武则天还亲自发现并提拔了姚崇等人。天册万岁元年（公元695年），契丹大举入侵，军务急报在兵部堆积如山。当时仅任兵部五品郎中的姚崇"剖断如流，皆有条理"，每件事情都处理得有条有理。武则天很是惊奇，当即提拔姚崇为四品兵部侍郎。

神功元年（公元697年）四月，因契丹入寇河北，河南局势不稳，武则天返聘已经退休的王及善担任四品滑州（今河南省滑县一带）刺史。临行前面圣谈话时，王及善就朝政得失提出十余条建议，条条中肯。武则天当即决定把王及善留下，提拔为中书省长官三品内史。

有武则天的率先垂范，当时大臣也纷纷以举贤荐能为意。长安二年（公元702年），侍御史张循宪巡视河东（今山西省一带）地区，遇到疑难问题，一时不知如何决断，无意间结识前任平乡（今河北省平乡县一带）九品县尉张嘉贞，请他解疑答惑。张嘉贞为他详尽分析，指明利弊。张循宪直接请他代写奏报。张嘉贞一气呵成，写得详尽流畅，大大出乎张循宪意料。张循宪遂带张嘉贞一同回朝，极力向武则天推荐，说臣给陛下写的奏报就是张嘉贞代笔的，愿意把侍御史职位让给张嘉贞。武则天摆摆手：“朕宁无一官自进贤邪”，意思是难道朕还不能给贤才腾出个位置吗？说罢武则天召张嘉贞觐见，相谈甚欢，当即任命张嘉贞为监察御史。为表彰张循宪的荐贤之举，武则天提拔他为吏部五品司勋郎中。

长安四年（公元 704 年）十一月左右，武则天让宰相推荐六部中级官员员外郎人选，韦嗣立推荐广武（今河南省荥阳市一带）县七品县令岑羲，又试探武则天口风说：可惜陛下您十三年前以谋反罪将其伯父岑长倩给杀了，虽然那是一桩冤案，但您还没给岑长倩平反；作为罪人之后，岑羲可能不太适合到中央任职。武则天说：“苟或有才，此何所累”，如果岑羲有真才实学，怎么能以此事牵累于他。最终，武则天起用岑羲为吏部六品员外郎。凭借岑羲一事，“诸缘坐者皆得进用”，武则天改朝换代前后冤案当事人后代全部皆允许被任用。

狄公荐贤　女皇难料

狄仁杰在高宗时期已是朝廷大员，但因未支持武则天改唐为周而一直被冷落敲打。狄仁杰后来改变斗争方式，心念李唐，服务武周。王夫之在《读通鉴论》中言，狄仁杰在武周时期，“无不正之言，无不正之行，无不正之志”，帮助武则天治理天下。武则天提拔他担任宰相，成为心腹国老。

圣历元年（公元 698 年）八月，武则天令宰相各推荐一人任尚书六部郎官（郎官为各部中级官员）。狄仁杰内举不避亲，举荐了儿子狄光嗣，武则天任命他为地官即户部六品员外郎。狄光嗣在地官员外郎的岗位上做出了优异成绩，武则天称赞狄仁杰有古人祁奚之风。祁奚是春秋时期晋国大臣，任职中军尉。祁奚年龄大了，向晋悼公申请告老还乡，晋悼公让其推荐继任者。祁奚举荐仇人解狐，是为外举不避仇。谁料还未等办完交接手续，解狐就去世了。晋悼公又让祁奚推荐候选人，祁奚推荐儿子祁午，是为内举不避亲。祁奚为国举贤，只考虑人岗相宜，而不关注其与个人关系如何，因此被后世传为选人用人佳话。

武则天后期，契丹逐步崛起，成为东北方向的重要威胁。后来契丹内讧，大将李楷固和骆务整投降武周，受降部门要将他们全家抄斩，狄仁杰上疏要求将这两人收编，以夷制夷。奏疏写好后，亲戚朋友都劝狄仁杰不要上疏，万一李、骆反水会受牵连。狄仁杰说：“苟利于国，岂为身谋”，只要举荐的贤才能够为国出力，我一人生死荣辱亦可置之度外！武则天最终赦免了李楷固和骆务整，并在狄仁杰的建议下，封李楷固为左玉钤卫将军，骆务整为右武威卫将军。久视元年（公元700年）六月，李楷固、骆务整带领所部大破契丹。武则天大摆庆功宴，举杯对狄仁杰说：这都是狄卿你的功劳。

狄仁杰荐贤，内举不避亲生儿子，外举不避昔日国仇，推荐的狄光嗣和李楷固、骆务整，武则天都予以起用。但在张柬之问题上，武则天顾虑重重。

有次武则天想选人进宰相班子，让狄仁杰推荐。狄仁杰举荐时任荆州（今湖北江陵一带）五品长史张柬之，说他虽已76岁了，却有宰辅之才。武则天将张柬之提拔为洛州从四品司马，过几天又让狄仁杰推荐宰相。狄仁杰说，我前几天给您推荐张柬之了。武则天答，已经给他升官了。狄仁杰说：“臣所荐者可为宰相，非司马也”，我给你推荐的是宰相，不是小司马。武则天又提拔张柬之为刑部正四品侍郎。但直到久视元年（公元700年）九月，狄仁杰去世，武则天也未用张柬之为宰相。

狄仁杰离世后，姚崇最终说服武则天任张柬之为宰相。姚崇多次受狄仁杰推荐提拔，知晓其良苦用心。长安四年（公元704年）十月，武则天让姚崇推荐宰相之人。姚崇果断提出张柬之，赞许他“沉厚有谋，能断大事，且其人已老，惟陛下急用之”。武则天接受了姚崇的建议，任命八十岁的张柬之为宰相。

狄仁杰、姚崇屡屡推荐张柬之，正是看重其“能断大事”。而这个大事，就是复辟李唐王朝，把武则天走偏的历史道路重新扭转到正轨上。除张柬之，狄仁杰生前还提拔重用桓彦范、崔玄暐、敬晖、袁恕己四人。王夫之在《读通鉴论》中言，“知人之哲，其难久矣。狄公之知张柬之、敬晖，付以唐之宗社，何以知其胜任哉……得二公之器量，而知其可以大任焉”。狄仁杰提拔张柬之、敬晖之意，在于恢复李唐社稷，可谓知人善任。当时有人对狄仁杰说：“天下桃李，悉在公门矣。”狄仁杰回答：“荐贤为国，非为私也。”

神龙元年（公元705年）正月二十二日夜，张柬之、桓彦范、崔玄暐、敬晖、袁恕己五人发动政变，逼迫武则天传位给太子李显。二十五日，李显即位，武周政权落幕。姚崇虽未直接参加政变，却是政变的重要幕后策划人。政变前夕，任职外地的姚崇秘密返回长安，张柬之等人兴奋地和桓彦范说，姚崇一到，“事济矣”。二人“遂以其谋告之”，共同和姚崇谋划政变事宜。

武则天晚年重用侄子武三思、武承嗣，男宠张易之、张昌宗等人，政治黑暗。张柬之等人迫使武则天退位，使武则天开创的事业得以延续，将唐朝推向盛世。政变之时，武则天质问崔玄暐：你是朕一手提拔，为何也这样对待朕？崔玄暐的回答很是意味深长：“此乃所以报陛下之大德。”

正是靠着“进退皆速”的用人方略，武则天为继任者留下了一大批久经考验、能力卓越的治国良才。辅佐唐玄宗打造出开元盛世的姚崇、宋璟、张说、张九龄等人，都是武则天发现并一手提拔培养起来的。开元前期那批贤臣良将的政治才能，也都是在武则天时期历练和积累出来的。唐德宗时期名相陆贽赞其“累朝赖多士之用”。明末清初思想家李贽在《藏书》中有言，“试观近古之王，有知人如武后者乎？亦有专以爱养人才为心，爱民为念如武氏者乎？”清代史学家赵翼亦称武则天纳谏知人，“自有不可及者”，“知人善任，权不下移，不可谓非女中英主也”。当然，武则天“进退皆速”的用人特点利弊两端，应辩证地看。

唐玄宗用人正误与盛唐兴衰

唐玄宗一生跨越盛衰两个时代，他一手打造出开元盛世，又一手惹出天宝之乱。治乱转捩的关键，正是用人的正确与失误。毛泽东评价唐玄宗“不会做皇帝，前半辈会做，后半辈不会做”。选官用人正是“会”与“不会”的重要方面。在选官用人的得失之间，又可以看到“文学”（即以文学才华和政治理论见长）与“吏治”（即以具体办事能力见长）两条用人路线之间的斗争。

盛世任贤　姚宋接力

开元盛世起于时局动荡的乱世。从神龙元年（公元 705 年）正月至开元元年（公元 713 年）七月，唐朝高层政治动荡不安，短短八年时间发生五次政变，换了武则天、中宗、少帝、睿宗、玄宗五个皇帝。

中宗时期，幕后掌权的韦皇后、安乐公主为实现当女皇和皇太女的野心，大肆破坏既有官员序列，用高官厚禄网罗亲信死党，收买人心；同时通过卖官鬻爵来搜刮钱财，挥霍享乐。朝廷正式编制官职不够卖，就另外设置斜封官、员外官，花钱 30 万就可买到。这些人道德品行低劣，能力素质低下，把朝廷搞得乌烟瘴气。

中宗被韦皇后、安乐公主毒死，睿宗即位后，姚崇、宋璟、陆象先等宰相整治选官秩序，免去一大批斜封官、员外官，情况有所好转。但不久，太平公主又干政弄权，将罢免的斜封官、员外官全部恢复原职，官场上任人唯亲、贿赂公行。玄宗从睿宗手里接过来的是一支冗员众多、素质不良、行政效率极低的官员队伍。

开元元年（公元 713 年）十一月，唐玄宗排除张说等人的重重阻力，将姚崇从同州（今陕西省大荔县一带）刺史任上调回朝廷任宰相。这是姚崇第三次出任宰相，上任前后，他奏请玄宗禁止皇亲国戚出任朝廷部门长官，将斜封官、员外官、待阙等候补官员全部清理等十条政纲。毛泽东非常赏识姚崇的这些意见，认为“如此简单明了的十条政治纲领，古今少见”，称赞姚崇是“大政治家、唯物论者”。

玄宗同意了姚崇的建议，但斜封官、员外官等人员众多，且历经多年，不能在短时期内全部停废，以免引起人心不安、政治动荡。玄宗在整顿此事上亦有反复。第二年，玄宗亲弟弟、申王李成义要求将其府上从九品官阎楚珪连升五级，提拔为正七品参军。玄宗因不是以嫡长子身份继承皇位，对兄弟亲王甚为友爱放纵，就答应了。姚崇坚决抵制，上书言道，“先尝得旨云王公、驸马有所奏请，非墨敕皆勿行。臣窃以量材授官，当归有官；若缘亲故之恩，得以官爵为惠，踵习近事，实紊纪网”，要求坚决贯彻整顿斜封官、墨敕官的既定方针，在用人上排除一切亲情故旧关系干扰，真正任人唯贤、唯能。在姚崇的坚持下，玄宗收回成命，此后选人用人上的请托干扰大为减少。三个月后，玄宗以遭遇天灾，国库入不敷出为由，下令撤销所有员外官、代理官、虚职官、斜封官等，以后非征战有功，或者皇帝下达特别指令，不准设斜封官、员外官。

整顿冗员取得重要进展后，姚崇开始把选贤任能提上日程，首先是补齐台省郎官即中央部门中级官员。这些人承担着朝廷政务的日常运转工作，其素质高低关系各项政策能否顺利落地。

有次上朝，姚崇拿着拟提拔任命的郎官名单去找玄宗。谁料玄宗眼睛朝上看屋顶，默不作声。姚崇以为玄宗走了神，连续再三奏报，玄宗还是一言不发。姚崇摸不清玄宗心思，只好踉跄退出。玄宗最宠信的宦官高力士在下朝后给玄宗提意见：陛下您刚即位，和宰相大臣们还没有充分磨合，现在正是借着上朝和他们多沟通的时候，怎么姚崇奏事您理都不理？玄宗回道：我让姚崇当宰相，就是把日常事务全部都交给他全权处理，他只向我汇报重大政务即可，用几个郎官这样的小事，还用得着和我商量吗？高力士把玄宗这话传达给姚崇，姚崇转忧为喜。廷臣皆称赞玄宗有人君的大度，深知用人之道。

玄宗把用人权交给姚崇的事情传开后，想走姚崇门路的人就越来越多。时任左拾遗张九龄给姚崇写信，劝他弃用浮躁谄媚之人，重用纯正敦厚之士。张九龄言道：选官用人是治国理政的头等大事，只有与有才能的人共事，事业才能欣欣向荣。用人失误，不是因为用人者识人不明，而是打招呼请托的人太多，不得不顾及情面。自从您主管选官用人工作以来，那些热衷名利的蝇营狗苟之辈，一个个挤到您面前，伸长脖子，翘首企盼。巴结讨好您的亲朋好友以求得推荐，这些人中肯定有有才干之人，可惜厚颜无耻，这样的人能用吗？

姚崇欣然接受张九龄的建议，注意摒弃投机取巧、奔走逢迎之徒，重用厚德淳朴之人。当初在玄宗和姑姑太平公主的政治斗争中，新兴王李晋因依附太平公主而被诛杀。李晋受刑后，王府属官全部作鸟兽散落荒而逃，只有负责王府人事管理工作的李抝为李晋收尸送终，尽到了下属对长官的礼节。姚崇听说后，指出这种忠诚精神必须提倡，拜相后即任用李抝为尚书省郎官。

在整顿官员队伍过程中，姚崇很注意保护真抓敢管的官员。开元三年（公元 715 年），负责纪律监察工作的尚书左丞韦玢，在姚崇的支持下，将一些工作能力较差的郎官调离岗位。不久，韦玢被外放为刺史，姚崇和其他宰相准备让他去冀州（今河北省中部一带）大州，玄宗不知何故下诏让韦玢去小州。姚崇劝玄宗：前段时间韦玢将不称职的郎官调离台省，完全是出于公心；郎官们刚被裁汰，韦玢就从中央下放到地方，人们都说这是那些被调离的郎官在暗中陷害。臣恐怕以后尚书左丞和右丞都不敢再从严管理下属，还请陛下您再重新考虑韦玢的任命，鼓励敢于从严治省的政治风气。唐玄宗幡然醒悟，同意韦玢任冀州刺史。

在任用姚崇的同时，玄宗也很注意宰相班子的搭配。司马光言，“上即位以来，所用之相，姚崇尚通，宋璟尚法，张嘉贞尚吏，张说尚文，李元纮、杜暹尚俭，韩休、张九龄尚直，各其所长也”。

和姚崇搭档的宰相是卢怀慎。此人道德品行俱佳，为官清廉、为人简素，俸禄都分给亲朋好友，自己和妻子粗衣淡饭。可卢怀慎虽然品德很好，办事能力却比较一般。有次姚崇因儿子去世，请假几天回家办丧事。政事堂积压的政务堆积如山，卢怀慎束手无策，主动找玄宗请求处分。

玄宗对他说：“朕以天下事委姚崇，以卿坐镇雅俗耳”，朕用姚崇处理政务，用你淳风化俗。姚崇办完丧事回来后，“须臾，裁决俱尽”。卢怀慎自认理政能力不如姚崇，每次遇到繁杂政务都不发表意见，全部推给姚崇处理，被人讥讽为“伴食宰相”。

其实，这有些冤枉卢怀慎，更无视玄宗在组建宰相班子上的煞费苦心。姚崇、卢怀慎各有所长，二人一德一才，正可和衷共济。司马光在《资治通鉴》中针对此事言道：

春秋时期齐国的鲍叔牙对于管仲，郑国的子皮对于子产，都是本来位居其上，却能在了解到管仲、子产的贤能之后甘居其下，将治国理政的大权交给他们，这种做法得到孔子的赞美。汉朝丞相曹参自认为比不上萧何，因而完全遵从萧何制定的法度，无所更改，汉家的帝业因此得以成就。如果昏庸无能的人当权，作为他的僚属，出于爱惜性命、保全富贵的考虑，无原则地听从他的旨意，不顾国家社稷安危，这种人真是罪人。如果贤良明智的人当权，作为他的僚属，愚弄蛊惑以致扰乱他治国理政的部署，专断固执以致分散削弱他的权力，嫉贤妒能以致诋毁他的功绩，刚愎偏执以致窃取他的名望，这种人也是罪人。姚崇是唐朝的贤相，卢怀慎与他齐心协力，成就唐明皇太平盛世的基业，卢怀慎有什么可责备的呢？《尚书·秦誓》上说：“如果有一位臣子，一心守善而没有什么其他的本领，他的心地善良美好，宽广包容，别人有了本事，就好像是他自己有了一样；别人才能出众，他能真正打心眼里喜欢这个人，而不只嘴上说说而已，这是能容人的表现。用他治理保护我的子孙黎民，那我的子孙黎民就能得到好处啊。”这段话说的就是卢怀慎这样的人。

姚崇最缺的，恰恰是卢怀慎的清廉之德，这正是他后来栽跟头的重要原因。事情由姚崇的儿子和亲信引发。当时姚崇的两个儿子姚彝和姚异分别任光禄少卿和宗正少卿，仗着姚崇的权力，拉帮结派，收受贿赂，影响极坏，可姚崇却听之任之。姚崇的亲信赵诲在中书省任负责机要事务的主书，收受胡人贿赂，被人告发。因是姚崇亲信，玄宗对这个案子很是重视，亲自审问。查明案情后，玄宗亲手将赵诲送进监狱，准备处死，可姚崇竟然上下活动多方营救。

几件事情叠加在一起，激怒了玄宗。朝廷在长安进行大赦，赵诲本应在赦免之列，可玄宗特别下旨，专门把赵诲从赦免名单中剔除，还杖打一百棍棒，流放岭南烟瘴之地。政治敏感性极强的姚崇意识到，玄宗对他的看法已发生根本改变，遂主动辞去相位。唐后期重臣杜佑曾为姚崇感叹，“因赵诲赃犯所累罢相，可哀哉”。姚崇辞职时，推荐广州都督宋璟接任宰相。

开元四年（公元 716 年）十二月，玄宗将宋璟调回朝廷任刑部尚书，并拜其为相。同让性格柔和的卢怀慎给强势的姚崇搭班子一样，玄宗也给宋璟选了个好搭档，这就是苏颋。二人配合非常默契，“颋遇事多让于璟，璟每论事则颋为之助”。姚崇、宋璟能够成为开元名相，不止靠个人能力，也和玄宗为他们搭配了合适的搭档，以及宰相班子其他成员的鼎力相助分不开的。

宋璟为相，“务在择人，随材授任，使百官各称其职”，把选贤任能作为头等大事，根据各人的才能授予合适的官职，使得每个人都能在各自岗位上发挥最大作用。

宋璟用人，注意与国策相配合。当时东突厥复兴，再次成为唐朝心腹大患。但以唐朝在开元初年的实力，还不足以和其全面开战。开元四年（公元 716 年）六月，东突厥大败拔野古部落，大胜班师后不加戒备，被拔野古部落一个不知名的小兵颉质略突袭直取可汗默啜首级。此时唐朝将军郝灵荃正出使草原，颉质略把默啜首级献给郝灵荃。郝灵荃带回唐朝，希望借此封官拜爵。宋璟担心玄宗由此放弃韬光养晦、与民休息的既定国策，在战略时机不成熟的条件下提前与东突厥决战，遂大幅度压低对郝灵荃的赏赐，一年之后才授予其郎将的军衔。

宋璟用人，敢于严管，发现官员能力不足，及时予以调整。开元六年（公元 718 年），时任大理寺卿元行冲虽“素称才行”，但任职一段时间后，发现他并不是很称职，宋璟就奏请让他改任备顾问的左散骑常侍，用敢于惩治黑恶势力的河南尹李朝隐接替大理卿。

宋璟不徇私情，不为家人等身边人开后门。有一天一个叫宋元超的候补官员到吏部，说是宋璟叔父，要求对自己特殊优待，选个肥缺给他。宋璟听说此事，马上指示吏部：宋元超确实是我的三堂叔，但他常住洛阳，我和他来往不多。不能因宋元超是我堂叔就特殊照顾。宋元超如果不说他和我这层关系，可以根据他的政绩资历和朝廷的选官制度进行选用；但如今以此要挟，本相必须矫枉过正，要求吏部免去宋元超的候选资格。

宋璟敢于顶住来自皇亲等权贵的请托。有一次，玄宗的亲长兄、当年将太子位置让给玄宗的宁王李宪，为候选官薛嗣先向玄宗请托。玄宗批示宰相处理，宋璟予以反对，说：此好比当年的斜封官死灰复燃，陛下您难道忘记即位之初整顿斜封官的艰难了吗？怎么今天还要犯和韦皇后、安乐公主同样的错误？自陛下您登基以来，选官用人都是依据功业与才干，而且要和宰相们商量。薛嗣先的事也不能破例，就让吏部按规定办吧。玄宗予以同意。

甚至有时玄宗亲自打招呼用人，宋璟也能严词拒绝。开元七年（公元 719 年）十一月，玄宗向宋璟推荐他登基前的故旧岐山（今陕西省岐山县一带）县令王仁琛（从八品下），要求吏部提拔其为五品官。宋璟奏称：陛下您是皇帝，拥有最高的用人权，想特殊对待您的故旧是人之常情。但是，前段时间王仁琛已因您的关照而获得提拔升迁，时间未长，您又想提拔他，似于情理不符。且王仁琛是王皇后族人，您和皇后最好避嫌，还是让吏部对他深入考察。如果王仁琛确实在岐山做出业绩，那就可以提拔；如果政绩平平，还是不要提拔了。不过为照顾陛下您的颜面，可以对王仁琛稍微优待优待。玄宗听从了宋璟的建议。

在维护朝廷选官制度的同时，宋璟还动手革除各种选官弊政。唐代，岁终地方官府都派朝集使进京奏报工作并进贡土特产，这本是正常制度。但开元初年，朝集使进京时，往往携带大量金银，在朝廷上下打点走动。等到开春将回到地方时，大多会被留在朝廷中央部门任职，极大败坏了官场风气。宋璟奏请将他们全部调回地方任原职。

宋璟用人，虽不务虚名，只求实才，但对文学之士有些排斥。开元六年（公元 718 年）三月，有人推荐山林隐士范知璇，说此人文章写得不错，并献上其代表作《良宰论》，建议宋璟特殊起用。宋璟："观其良宰论，颇涉佞谀。山人当极语谠议，岂宜偷合苟容"，"文章若高，自宜从选举求试，不可别奏"。此人文章满篇阿谀奉承之句，隐士应当说正直的话，怎能以曲意逢迎为意。如果文章确有高论，自应用科举中考取功名，不可走旁门捷径。几句话将范知璇打发回去。

时任括州（今浙江省丽水市一带）司马、行书碑文大家李邕，仪州（今山西省左权县一带）司马郑勉，以文章闻名于世。但宋璟认为他们"性多异端，好是非改变"，"若全引进，则咎悔必至”，“若长弃捐，则才用可惜”，性情怪僻，喜欢搞花架子改变现状，在言辞上与人辩论是非争高低。如果把他们调入朝廷，他们的性格一定会给他们带来灾祸以致后悔不已；如果不予起用，则可惜了他们的才华，于是让他们分别去渝州（今重庆市一带）、硖州（今湖北省宜昌市一带）当刺史。

宋璟对这三个人的态度，尤其是对李邕、郑勉的任用，可以看到他对“文学”之士的偏见。这实质牵涉玄宗时用人标准上的著名“文学”“吏治”之争。

文学吏治　各执一端

姚崇、宋璟并称良相，姚崇更善于因时应变，勇于改革；宋璟长处在严守法度，秉公处事，《新唐书》对二人的评价是“崇善应变以成天下之务，璟善守文以持天下之正。二人道不同，同归于治”。司马光在《资治通鉴》中也有相似评价，“姚（崇）宋（璟）相继为相，崇善应变成务，璟善守法持正。二人志操不同，然协心辅佐，使赋役宽平，刑法清省，百姓富庶。唐代贤相，前称房（玄龄）杜（如晦），后称姚宋，他人莫得比焉”。

毛泽东则认为“二人道同，方法有些不同”。当代史家张岂之在《毛泽东与传统文化》一文中认为，“经过（毛泽东）这样一改，使人耳目一新，看出了本质。姚崇比较注意变易和柔道，讲出的道理使玄宗容易接受，而宋璟则侧重于刚正和义理。这些均属于方法问题，不影响他们相同的政治原则”。

姚宋二人性格虽各有千秋，但都长于吏干，即具体办事能力强，属于“吏治”一派。而当初反对姚崇拜相的张说等人，以及姚崇任相时排斥的魏知古、刘幽求等人，虽然文学政事俱佳，但都以文学才华见长，政事方面以议论为主，行政办事能力不及姚崇宋璟，属于“文学”一派。

从武则天晚年尤其是开元初年开始，由于用人标准和个人喜好的差异，朝廷中逐渐形成了“文学”和“吏治”两派。学者汪篯在《唐玄宗时期吏治与文学之争——玄宗朝政治史发微之二》一文中，最早提出了“文学”“吏治”之争的史学命题，引起史学界热烈反响。汪篯敏锐地注意到，“姚崇和这些功臣（张说、刘幽求等，作者注）中间的互不相容，似乎还隐含着用吏治与用文学的政见不同”。“文学”是指通过科举考试尤其是其中的进士科目起家，长于文学之士；“吏治”指的是长于吏干，解决实际问题能力很强的人才。“文学”“吏治”两派各自按照自己的用人标准奖掖后进、提拔官员，形成了较为复杂的政治矛盾。

姚崇的举荐者、“吏治”派先驱狄仁杰曾直言“文士龌龊”，“文学”派领袖张说则认为大臣应“以精学为先”“以无文为耻”。“文学”“吏治”之争的一个重要方面，就是对科举制的压制与推崇。有学者根据徐松《登科记考》统计，唐朝从中宗神龙元年（公元 705 年）至玄宗开元元年（公元 713 年）九年间，平均每年录取进士 52 人，张说居相位的开元元年录取多达 77 名。而姚崇拜相后，进士录取人数骤减至 17 人，仅相当于上年的 22%。从开元二年（公元 714 年）至开元七年（公元 719 年），姚崇、宋璟相继任相的六年间，平均每年录取进士仅 22 人。开元八年（公元 720 年），宋璟罢相，进士录取人数猛增至 57 人。张说随后任相的七年间，平均每年录取进士 35 人，明显高于姚崇宋璟为相时期。

玄宗开元初期，朝廷主要任务是整顿吏治、恢复经济，“文学”和“吏治”两派所承担的任务也大致相同，因此矛盾还不明显。经过七八年的努力，唐朝逐步走向盛世，同时也面临着制度调整和政治转型的大问题，突出表现在财政改革和大兴文治。宋人洪迈在《容斋随笔》中言，“明皇（玄宗）因时极盛，好大喜功，于财利之事尤切”。

开元八年（公元 720 年），宋璟因处置犯罪官员过重，又在货币改革问题上操之过急，官场和民间都怨声载道，以致玄宗后来评价宋璟，“彼卖直以取名耳”，利用所谓的正直来博取名声。开元八年正月，宋璟罢相。玄宗任命“吏治”派宇文融主持财政工作；拜文坛领袖张说为相，令其推行文治。唐玄宗摆出了“文学”“吏治”并重的用人格局。

但事实上，张说、宇文融的斗争愈演愈烈，玄宗为平衡两派心力交瘁，索性将两人全部罢相。张说着意提拔了张九龄作为接班人和未来“文学”派的领袖；而“吏治”派的李林甫逐渐崭露头角。“文学”“吏治”两条用人路线的斗争，在他们手上达到顶峰。

张九龄担任首辅后专意提拔“文学”之士的用人原则，屡屡引起玄宗的不满。开元二十三年（公元 735 年）正月，唐玄宗因幽州（今北京市一带）节度使张守珪大破契丹，缓解了东北边境的紧张局势，欲任用其为宰相。张九龄反对道，“宰相者，代天理物，非赏功之官也”，宰相是处理国家大事的，不是用来赏赐功臣的。玄宗又说只给张守珪宰相之名，不让他有宰相之权。张九龄仍不同意，玄宗无奈放弃此议。

开元二十四年（公元 736 年）四月初二，张守珪将轻敌冒进以致大败的部将安禄山解送长安，请求玄宗发落。张九龄认为安禄山败军丧师，依律当斩，且此人貌有反相，不杀必为后患。玄宗却珍惜安禄山之才，予以赦免。

张九龄代表的“文学”派和李林甫代表的“吏治”派激烈交

锋体现在对牛仙客的使用上。

当年十一月，朔方（今宁夏灵武市一带）节度使牛仙客因政绩卓著、忠于职守、节俭用度、修缮守备、仓库充实、器械精利，进入玄宗视野，玄宗要给他加个尚书头衔。张九龄直接反对，说尚书自古以来就是有德有望的人才能担任，牛仙客是小吏出身，只会办差不识大体，要让其担任尚书，非羞死一朝廷的人不可。玄宗退一步，说给牛仙客封爵。张九龄还是不同意，说爵位是用来赏赐功绩的，牛仙客那点事根本不算什么功业，陛下要是觉得他干得还行，赏点零花钱就好，封什么爵，他一个小吏配吗？玄宗被怼得默不作声。

李林甫说话了：牛仙客是陛下您看准的人，还能错得了？臣看他不仅能做尚书，就是宰相也能做得。张九龄一个文士，书生之见，不识大体，根本不懂什么叫选官用人。玄宗笑逐颜开。

第二天上朝，玄宗又和张九龄商量牛仙客的事，张九龄继续反对，玄宗怒了：凡事都必须你说了算吗？张九龄叩首：既然您把我放到宰相这个位置上，有什么话我必须实话实说，牛仙客确实不符合出任尚书的标准。玄宗说："卿嫌仙客寒微，如卿有何阀阅？"既然说到用人标准，你说牛仙客出身寒微，不配当尚书，那你祖上又是何方神圣？玄宗突然提出祖上家世这个早已被废弃的南北朝用人标准，并不是说用人要以家世为先，而是为了堵住张九龄的嘴。既然你张九龄可以凭文治之长任首辅，那他牛仙客为何不能借吏干之长当尚书？

张九龄仍然是死不松口，说臣祖上确实不值一提，但在朝中任职多年，深得用人之要，牛仙客这个边陲小吏出身的人，大字不识几个，书都没读过几本，这样的人都去当尚书，那让天下读书人怎么看？

李林甫又在退朝后找玄宗私谈："苟有才识，何必辞学"，朝廷用人不能一味看学历看文采，有真才实干就行，何必会写文章；陛下您掌握着最高用人权，想用谁就用谁。在李林甫的支持下，十一月二十三，玄宗虽然没有给牛仙客加尚书头衔，但仍封爵为陇西县公。

乱世用奸　国忠禄山

杨国忠是武则天男宠张易之的外甥，也是唐玄宗宠妃杨贵妃的从祖兄弟。经杨贵妃姐妹引荐给玄宗后，短短七八年时间就走完了从八品到三品的升迁（唐制，二品以上为荣誉头衔，三品为实职最高品级，即宰相），这一升迁即使是享受特权的权贵子弟也要二十五年才能实现。

杨国忠取代李林甫执掌朝政，掌握行政、财政、用人全部大权。

天宝十一年（公元 752 年）底，杨国忠以宰相身份主持选官工作。按惯例，选官具体事务由吏部和兵部侍郎以下的官员负责，要经过三次反复审核、征求意见、公示名单才能通过。由于候选人众多，选官工作一般从春天开始，历经数月，至秋天结束。杨国忠为显示自己精明强干、办事效率高，不经吏部高层官员集体讨论，让吏部办事文员提前到自己府上秘密拟定名单。杨国忠召集中书省、门下省参与选官工作的高级官员拿出事先拟定的名单。与会者畏于杨国忠的权柄未有一人敢提反对意见。一天之内，杨国忠完成所有选官程序，其中错误百出，很多候选人的履历、资格、信息都弄错，却无一人敢指出。杨国忠以中书门下省负责审核名单的给事中都与会通过为由，免去了门下省审核的程序，直接发文任命。这次选官后，门下省失去了对选官工作的监督审核权，吏部侍郎也失去了对选官工作的发言权，像办事员一样被杨国忠呼来喝去只是组织考试而已，一切全由杨国忠一人决定。更具讽刺意味的是，在京兆尹鲜于仲通的授意下，这次选官获得官职的官员们为杨国忠立碑颂德，歌颂杨国忠提高选官效率。鲜于仲通起草文稿，玄宗竟亲自改了几个字，鲜于仲通特意把那几个字用金粉装饰。

天宝十二年（公元753年），杨国忠儿子杨暄参加科举中相对容易的明经科目，未能及格。主持考试的礼部侍郎达奚珣畏惧杨国忠权势，不敢不录取，又想在杨国忠那卖人情，就让儿子达奚抚趁杨国忠上朝时去报信。杨国忠以为达奚抚是来报杨暄高中的喜讯，面露喜色。谁料达奚抚却说，杨暄按成绩本不能中举，可家父看在您的面上，一定会让他中举，请您放心。杨国忠听后大怒：我儿子靠什么途径当不了官，还得要你们这些鼠辈卖人情？说罢扬长而去。达奚珣无奈，不但让杨暄中举，还把名次排在前列。杨国忠对天宝年间选官秩序的破坏，由此可见一斑。

在杨国忠大肆任人唯亲、徇私舞弊时，安禄山也在通过紧抓用人权凝聚人心，图谋造反。

安禄山本是营州柳城（今辽宁省朝阳市一带）寒门出身的胡人，因作战勇猛受到节度使张守珪的赏识，短短三年就从一名小兵升至左骁卫将军，成为高级武官。安禄山善于逢迎，认杨贵妃为母，深得玄宗和杨贵妃宠信，被任命为平卢、范阳、河东三镇节度使，掌握东北、河北、山西广大地区的军事、财政和人事行政大权。王夫之在《读通鉴论》中直言，“玄宗不宠禄山而禄山何藉？”

天宝十三年（公元754年）二月，安禄山请求玄宗对其部将超资赏赐。玄宗竟直接发给他盖好章的空白委任状，带回军中任其选用。安禄山一次就委任三品将军五百余人，四品中郎将两千多人。司马光在《资治通鉴》点评道，“禄山欲反，故先以此收众心也”。安禄山又奏请用三十二名胡族将领取代汉族将领，玄宗当即答应。第二天，杨国忠、韦见素紧急进宫，试图说服玄宗取消此议。韦见素坚决反对用胡将代替汉将，玄宗顿时不高兴，杨国忠见状不敢言语。至此，安禄山为叛乱做好了充分的人员准备，举兵只是时间问题。

九个月后，安禄山在范阳（今北京市一带）正式起兵造反。“渔阳鼙鼓动地来，霓裳羽衣黯然收”，大唐盛世至此戛然而止。李林甫、杨国忠执政二十多年间对唐朝选官用人工作的破坏，导致玄宗竟然找不出一个忠诚之人去带兵平叛，河南、河北地区官员几乎全部望风而降。玄宗哀叹：河北二十四郡，难道没有一个人是我大唐的忠臣吗？

平原郡（今山东省德州市陵城区一带）太守颜真卿起兵断了安禄山后路，很多州郡群起响应。洪迈在《容斋随笔》中曾评价颜真卿，“颜鲁公忠义大节，照映今古，岂唯唐朝人士罕见比伦，自汉以来，殆可屈指也”。玄宗听闻颜真卿起兵之事，大喜过望，言道：“朕不识颜真卿作何状，乃能如是”，朕连颜真卿长什么样子都不知道，他却能对我大唐如此忠心耿耿。文天祥为此写诗叹息道，“平原太守颜真卿，长安天子不知名”。开元末年天宝时期玄宗的用人失误，在安史之乱中暴露得淋漓尽致！

平叛初期，玄宗急躁冒进，决策屡屡失误，颜真卿独木难支，安禄山攻破长安。宰相陈希烈，张说之子张均、张洎（玄宗驸马），时任河南尹达奚珣等朝廷百官大量投降安禄山，加入叛军政权。这些人的一个共同特点是大都受过李林甫、杨国忠等主政大臣的压制、排挤乃至陷害、打击。他们在安史之乱中的表现，无疑是在选官用人上受到不公待遇而积攒怨气的发泄。

长安失陷后，玄宗仓皇西逃，逃至咸阳时，有村野老人郭从谨和玄宗谈起国事，说“臣犹记宋璟为相，数进直言，天下赖以安平”，我还记得当年宋璟当宰相，能和陛下说实话真话，天下才能太平；可后来，后来的事没法说啊，陛下您用的都是些什么人！覆巢之下，玄宗才认识到错误，承认用错了人，后悔也晚了。

玄宗行至马嵬驿，禁军将士发动兵变，射杀杨国忠，逼玄宗赐死杨贵妃后，仍心怀愤懑，不愿护驾远行，玄宗被迫公开承认“朕比来衰耄，托任失人，致逆胡乱常”，承担起因用人失误引爆安史之乱的责任。

玄宗逃到成都后，曾和大臣裴士淹论及开元天宝年间所用大臣，认为“若姚宋在，贼不足灭”“是子（李林甫）妒贤嫉能，举无比者”。裴士淹反问玄宗，“陛下诚知之，何任之久邪”，玄宗听后“默不应”。在成都，玄宗经常想起当年张九龄在安禄山问题上的先见之明、逆耳忠言，“为之流涕”。遂派人专门去张九龄的老家曲江（今广东省曲江县一带），到张九龄坟前祭奠，并抚慰赏赐其家人。

从开元盛世到天宝之乱，唐玄宗用人正误，鲜明地说明了盛世任贤与乱世用奸的道理。唐玄宗曾问李白，“朕与天后任人如何”，让其评价他与武则天在用人上孰优孰劣。李白回道，“天后任人，如小儿市瓜，不择香味，唯取其肥大者”，“陛下任人，如淘沙取金，剖石才玉，皆得其精粹”，武则天用人就像小孩子买瓜，不管香不香，只挑个大好看的。您用人，不看表面，只求内在精华。李白此语，颇有贬低武氏、溢美玄宗的阿谀之嫌。就玄宗任用李林甫、杨国忠、安禄山等人而言，何曾做到“淘沙取金，剖石采玉，皆得其精粹”。

安史之乱六十多年后，宪宗君臣仍然为此唏嘘慨叹。宪宗是唐朝仅次于太宗、玄宗的明君，他信任宰相，善谋国事，打造出元和中兴的局面。宪宗与宰相班子讨论国事，问道：“玄宗之政，先理而后乱，何也？”宰相崔群回道：这都是用人的原因。当年玄宗用姚崇、宋璟、卢怀慎、苏颋、韩休、张九龄，打造开元盛世；用宇文融、李林甫、杨国忠，天下大乱。所以选官用人，关系天下安危。人人都认为天宝十四年安禄山造反是大乱的开始；臣却认为开元二十四年张九龄罢相，李林甫专掌朝政，才真正是治乱之间的分水岭。

北宋宰执富弼在回答宋英宗“唐明皇治致太平，末年何以至此”之问时，明确答道，“明皇初平内乱，励精求理，为政得人，所以治安；末年任非其人，遂至祸乱。人主唯在择人，决不可使奸人当国事也”。

《旧唐书》对唐玄宗用人总结道：“开元之初，贤臣当国，四门俱穆，百度唯贞……俄而朝野怨咨，政刑纰缪，何哉？用人之失也。自天宝已还，小人道长。如山有朽坏，虽大必亏；木有蠹虫，其荣易落。以百口百心之谗谄，蔽两目两耳之聪明，苟非铁肠石心，安得不惑！而献可替否，靡闻姚、宋之言；妒贤害功，但有甫、忠之奏。豪猾因兹而睥睨，明哲于是乎卷怀，故禄山之徒，得行其伪。厉阶之作，匪降自天，谋之不臧，前功并弃。惜哉！”

百姓口碑与地方官选任

中国古代选官用人传统中，县令、刺史等地方官作为亲民之官，向来受到君主的格外重视。《资治通鉴》记载的齐威王、唐玄宗、唐宣宗三位君主考察地方官的几个故事，是选任地方官时充分听取百姓评价的经典案例。

注重考察　辨别虚实

齐威王召见即墨大夫，对他说："自从你到即墨任官，每天都有指责你的话传来。然而我派人去即墨察看，却是田土开辟整治，百姓丰足，官府无事，东方因而十分安定。于是我知道这是你不巴结我的左右内臣谋求内援的缘故。"便封赐即墨大夫享用一万户的俸禄。

齐威王又召见阿地大夫，对他说："自从你到阿地镇守，每天都有称赞你的好话传来。但我派人前去察看阿地，只见田地荒芜，百姓贫困饥饿。当初赵国攻打鄄地，你不救；卫国夺取薛陵，你不知道；于是我知道你用重金来买通我的左右近臣以求替你说好话！"当天，齐威王下令烹死阿地大夫及替他说好话的左右近臣。于是臣僚们毛骨悚然，不敢再弄虚假，都尽力做实事，齐国因此大治，走向强大。

清人汤鹏在《浮丘子》中就此事评价道，“左右不严，则毁誉不凭；毁誉不凭，则黜陟不析；黜陟不析，则治乱不总”。

眼见为实　玄宗亲测

开元十三年（公元 725 年），唐玄宗在从封禅泰山回来的路上，驻跸宋州（今河南省商丘市一带），亲自设宴招待随行官员。

御宴上，玄宗对宰相张说道：“朕即位以来，多次派钦差大臣实地考察地方官政绩善恶，今因封禅经过各州，才知道使臣辜负我很多。怀州（今河南省沁阳县一带）刺史王丘，除了上供封禅所需要的祭品外，什么都没送。魏州（今河北省大名县一带）刺史崔沔，连一匹锦绣绸缎都没供应，这是暗示朕要勤俭节约，不能铺张浪费。济州（今山东省茌平县一带）刺史裴耀卿给朕上了数百字的奏疏，都是逆耳忠言，而且说‘民如果被封禅大事骚扰，便不能向上天告成功’。这三个人都不愿意用百姓的心血博取朕的欢颜，可以称得上是良吏了。”玄宗又转过头表扬宋州刺史寇泚：近来有人向朕报告说你招待不周，知道你没有贿赂朕的左右以希望他们称赞你。玄宗亲自端酒赐给寇泚，以示鼓励支持。张说率群臣山呼万岁，为玄宗的慧眼识人喝彩。随后，玄宗提拔王丘为负责中枢核心机关日常工作的尚书左丞，崔沔为负责劝谏皇帝、参议国政的散骑侍郎，将裴耀卿调任级别更高的定州刺史。

开元二十三年（公元 735 年）正月，玄宗在东都洛阳行天子亲耕之礼，大典完毕后在五凤楼设宴，让洛阳三百里内的刺史、县令率领所属乐团到楼下演出，举行乐舞比赛。怀州刺史用大车载着几百名乐工，都穿着花纹精美的绫罗绸缎，拉车的牛也都装扮成老虎、豹子的模样。玄宗惊叹道：“怀州百姓，遭到迫害了吧！”玄宗当即免除怀州刺史的职务，将其改任为散官即非领导职务。

政声人去　民意闲谈

唐宣宗是唐代中后期相对贤明的皇帝，司马光称他为“小太宗”。宣宗在位期间开创了被誉为有贞观之风的“大中之治”。

宣宗勤于政事，十分重视选官用人，大中二年（公元848年）二月，大臣为他讲授唐太宗撰写的《金镜》。听到书中“至乱未尝不任不肖，至治未尝不任忠贤”时，宣宗立马让大臣停下，反复回味，并点评道，“凡求致太平，当以此言为首”。

大中八年（公元854年），宣宗外出打猎，路上遇到一位樵夫，就问起樵夫所在的泾阳县（今陕西省泾阳县一带）县令李行言为政如何。樵夫回道：性情耿直。县里捕了有几个强盗，这几个强盗与军队有勾结，军队派人来索求，县令李行言不畏强权，竟然不给，而把强盗都杀了。宣宗回宫后，把他的事迹贴到寝宫的柱子上。这年冬天，吏部发布选人公示，将李行言由泾阳县令直接破格提拔为海州（今江苏省连云港市一带）刺史。李行言入宫谢恩，宣宗又赏赐了他只有三品以上官员才有资格佩戴的金鱼袋和穿着的紫色官服。宣宗问李行言是否知道为何会直接从县令提拔为刺史，并获赐三品官服饰。李行言回答说不知。宣宗让侍从取下寝宫柱子上的帖子给他看。

又有一次，宣宗到渭水边上打猎，见十来个父老在寺庙前焚香祷告，就问是怎么回事。父老回答：我们都是醴泉县百姓，父母官李君奭一心为民，现在他任期到了快要离职，我们准备请求州府让他留任。听说这个寺庙很灵验，就来烧香祈祷。大中九年（公元855年）二月，怀州刺史出缺。按照唐代正常的选官制度，应由宰相集体商议讨论人选，然后提交给皇帝批准。但这次宣宗不等宰相提名，就直接指示用李君奭为怀州刺史。诏书一出，宰相们都不知何故。等到李君奭入宫谢恩，宣宗向他道出事情原委，宰相们才算明白。

在这几个故事中，齐威王没有听信身边人一面之词，派钦差到即墨和阿地实地考察，才没有被虚假信息左右，真正发现即墨大夫和阿大夫孰善孰恶，进而严明赏罚。唐玄宗致力于通过派钦差巡察的方式，了解地方官为政情况，却被钦差蒙蔽，幸亏在实地调研中才发现几位优秀刺史。唐宣宗走到百姓身边，亲耳听百姓的评价，亲眼看县令政绩，才能亲自把优秀县令提拔起来。看来，无论是身边人的评价，还是钦差大臣的奏报，都比不上百姓的口碑。

以天下之大、四海之广，皇帝不可能走遍每一个郡、每一个县，由此造成很大一部分优秀地方官被湮没在皇帝身边人的闲言碎语中，埋没在钦差大臣的不实报告里。如何准确且有效把民意收集起来，作为地方官升迁黜免的依据，是中国古代选官用人制度中一直没能真正解决好的大问题。

逐鹿之后的用人取向

在中国古代，新生王朝在开国初期的用人取向，往往代表着政权核心价值导向，进而关系国运兴衰。刘邦、苻坚、李世民在这个问题上的不同选择，影响了西汉、前秦、唐朝的国运走势。

重用季布 处决丁公

季布一向以重信守诺著称，时人有“得黄金百，不如得季布一诺”之说。楚汉相争时，季布是项羽手下大将，多次带兵围攻刘邦。刘邦得天下后，悬赏千金捉拿季布。

季布只有剃成光头，隐姓埋名，自卖给大侠朱家为奴。朱家认出此人就是季布，于是游说刘邦宠臣夏侯婴：季布当初在战场上追击皇上，是各为其主，忠于职守，哪有什么罪！项羽的旧部很多都被皇上收降纳叛，怎么能全杀了！皇上刚得天下，却因为往日私怨大动干戈，这也显得太小肚鸡肠，没有容人之量。国家最忌讳逼得人才出走敌国。当初楚国把伍子胥逼走，伍子胥到吴国后带兵攻陷楚国都城鞭打楚王尸身的事，史书上可是言之凿凿。季布一身本领，若被逼急了，有可能北上投奔匈奴或南下投靠南越。您最好劝说皇帝重新考虑一下季布的事。

夏侯婴趁着入宫面圣时，把朱家的话转达给刘邦。刘邦的突出优点是从谏如流、知错就改，从来不会因顾及颜面一错到底。听了夏侯婴的话，刘邦当即醒悟，撤销了对季布的通缉，还让他进宫担任郎中即侍从官，以备参谋顾问。朱家因此事侠义之名满天下，“自关以东，莫不延颈愿交焉”。

季布还有个叫丁公的同母异父兄弟，当年也在项羽阵营当将军。彭城（今江苏省徐州市一带）大战时，丁公带兵几乎要活捉刘邦。刘邦向丁公求饶：咱们两个都是当世大贤，好兄弟，怎么能自相残杀？丁公看平日里和项羽平起平坐的刘邦，竟然和自己称兄道弟，还给自己戴了一顶“贤”的高帽，不由几分得意。既然你刘邦如此看重我，那我就暂且放你一马，刘邦这才逃出生天。

项羽被灭后，丁公来觐见刘邦，想着能封侯拜将。毕竟当初没有他的开恩，就没有刘邦的如今。没想到刘邦把他五花大绑起来，然后拉到军中示众，告诉将士：“丁公为项王臣不忠，使项王失天下者也”，当年就是这个丁公，差点抓住朕却又把朕放走，如果他当时就擒获朕，项羽还会落得乌江自刎的下场吗？此人如此不忠，留他何用，难道还要留着等将来再背叛朕吗？刘邦把丁公当众处决，并告诫三军将士：“为人臣无效丁公也”，这就是卖主求荣的下场。我大汉的用人取向就是忠诚为先，忠诚第一。大家要向季布学习，不要做丁公。

司马光在叙述此事后，有一段深刻的点评。他认为，刘邦逐鹿天下之时多有招降纳叛，却在夺取政权后毫不犹豫诛杀前来投降的丁公，是因为时势不同。群雄并起之时，最重要的是壮大自己力量。等到天下一统，就要树立忠诚为先的用人导向。两汉四百年的绵长国运，与刘邦在立国之初诛杀丁公之举有莫大的关系。

王夫之却对刘邦诛杀丁公一事持不同意见，他在《读通鉴论》中认为丁公对刘邦有活命之恩，刘邦“欲惩人臣之叛其主，而先叛其生我之恩”，对丁公“废而勿用可也”。刘邦将其斩杀，“导天下以忘恩矣”。意思是刘邦欲惩戒叛主之臣，却忘记了丁公对自己有再生之恩，对丁公可以不用但不应杀了他，杀了丁公导致天下形成忘恩负义之风气。柏杨在《现代语文版资治通鉴》中亦认为，“刘邦先生杀丁公先生，不过是一种二三流权术。希望‘后世’的人不要效法丁公先生。该‘后世’可是汉王朝的后世。在稍后英布先生叛变时，刘邦先生却巴不得英布先生手下的将领，个个都是丁公。事实上，历史教训的功能，微乎其微。数千年来，丁公先生这类人物，多如牛毛。司马光先生高估了杀丁公先生的效果”。

高祖起丰沛以来，网罗豪杰，招亡纳叛，亦已多矣。及即帝位，而丁公独以不忠受戮，何哉？夫进取之与守成，其势不同。当群雄角逐之际，民无定主；来者受之，固其宜也。及贵为天子，四海之内，无不为臣；苟不明礼义以示之，使为臣者，人怀贰心以徼大利，则国家其能久安乎！是故断以大义，使天下晓然皆知为臣不忠者无所自容；而怀私结恩者，虽至于活己，犹以义不与也。戮一人而千万人惧，其虑事岂不深且远哉！子孙享有天禄四百余年，宜矣！

——《读通鉴论》

刘邦和季布、丁公可能没意识到，他们集体开启了中国古代用人之道的一个新论题，那就是如何看待亡国之臣的忠诚。将近600年后，还会有人提起他们的这段往事。

废弃梁琛　起用郝晷

东晋海西公太和四年（公元369年），东晋北伐前燕，前燕皇帝慕容暐派乐嵩向前秦求援。乐嵩不负使命，说服前秦出军。前秦替前燕解除了亡国之虞，慕容暐先后派郝晷、梁琛出使前秦，加强两国关系。但已经统一北方大部分地区的前秦，很快就把攻打前燕提上日程。郝晷、梁琛对这一点都心知肚明，但却在出访时做出了不同的个人抉择。

郝晷和前秦丞相王猛是老熟人，决定通过王猛这条线改换山头，暗地里向王猛透露了不少前燕绝密情报。梁琛出使前秦时，皇帝苻坚亲自试探梁琛，想让其走郝晷的老路，梁琛一句实情也没给苻坚透露。

第二年，王猛率军灭掉前燕。此时梁琛因遭人陷害，被慕容暐打入大牢。苻坚把梁琛释放，质问道：你这个人不识大势，只知一心向燕国效忠，到头来差点落得个冤死的下场。你忠诚于燕国，可慕容暐重视你吗？要不是朕这么快打下燕国，你早就成了慕容暐的刀下冤鬼！

梁琛反驳道："为臣莫如忠，为子莫如孝，自非有一至之心者，莫能保忠孝之始终"，做臣子的本分是忠诚，当儿子的本分是孝顺，如果不能始终如一，怎么能为国尽忠为家尽孝。从古至今，从不缺临危不惧的人，不缺以死报国的人，不缺杀身成仁的人，不缺竭忠而死的人。那些懂得安危去就，只顾及个人生死，不顾国家存亡的人，我是看不起的，也没有智慧做到，更不屑去做。

听完梁琛的慷慨陈词，苻坚并没有被感动，在他的用人思想中，梁琛只是泥古不化，不值大用。因此，苻坚只是简单将梁琛官复原职，重新任命其为中书著作郎，这是一个负责管理档案的散官闲职，梁琛在慕容暐手下就任此职。王猛还算看中梁琛的才华，奏请任命梁琛为丞相府机要室长官，负责文书机要工作。王猛虽给梁琛发挥才智的平台，但并不看重他的忠诚之德。

有天王猛和僚属点评乐嵩、郝晷、梁琛，他说：这三个人各有特色，梁琛只说燕国政治如何清明，向我们传递假消息；乐嵩只想搬救兵救燕国，只说晋军如何强大；郝晷倒和我说了不少燕国的实情，为我们吞并燕国提供了准确的信息。

听完王猛的评论，幕僚冯诞问道：“今三子皆为国臣，敢问取臣之道何先”，现在他们三个都在我们大秦任职，用人时，应该先提拔谁呢？王猛不假思索回答：当然先用懂得抓住时机及时调头的郝晷。冯诞听后叹道：“然则明公赏丁公而诛季布也”，你这可是赏丁公杀季布，和当年汉高祖赏忠臣杀叛臣反着来！王猛听后大笑不语。

胡三省针对苻坚王猛在梁琛问题上的态度，写了一句批注：“梁琛忠于所事，秦王坚不能显而庸之，识者有以知秦祚之不长矣”，梁琛这样的忠臣都不能被苻坚、王猛起用，有识之士以此得知前秦的国运也不会长久。

苻坚意图灭亡东晋、统一天下的淝水之战失败后，他当初从前燕、羌族等敌对阵营招降纳叛过来并予以重用的慕容垂、慕容冲、姚苌等人纷纷反叛，前秦一败而不可收拾，遂至土崩瓦解，苻坚本人更是死于姚苌之手。

突通君素　正面榜样

隋炀帝大业十三年（公元 617 年），李渊李世民父子在晋阳（今山西省太原市一带）起兵反隋，兵锋直指长安。河东守将屈突通让部将尧君素留守城池，自己亲率主力进至潼关，意欲增援长安，但以弱敌强，处境艰难。

有人劝屈突通不如投降李渊，屈突通抱头痛哭："吾历事两主，恩顾甚厚。食人之禄而违其难。吾不为也"，我从隋文帝跟到隋炀帝，两代皇帝对我恩重如山，食人俸禄而背叛人主的事我不做。在潼关前线，屈突通经常摸着自己的脖子，"要当为国家受一刀"。

李渊攻下长安后，派屈突通在长安城里的家仆到潼关招降，屈突通当即将其斩杀，后率军东下洛阳，刚走到稠桑（今河南省灵宝市北部一带），就被李渊追上。李渊派屈突通儿子屈寿去劝降，屈突通大骂儿子，断绝父子关系，并下令将士向儿子射箭。屈突通手下得知长安已失陷，家人尽在李渊手中，斗志全无，放下武器就地投降。屈突通明白大势已去，只有下马对着隋炀帝所在扬州的东南方向大哭叩拜：臣已经尽力了，实在不敢辜负国恩，天地神明都看在眼里，臣实在无能为力了！

忠贞不屈、力竭被俘的屈突通被绑送到长安后，李渊当即将其释放，并任命为兵部尚书，兼任秦王李世民的元帅府长史，处理元帅府日常军务。李渊认为，屈突通能为隋朝战斗到最后一刻，也能为大唐尽忠履职。此后，屈突通随李世民南征北战，平定各路群雄，没有辜负李渊的厚望。

贞观二年（公元 628 年），七十二岁的屈突通去世，唐太宗赠其"忠"的谥号，以表彰他尽节于隋朝、忠诚于唐朝的不贰之心，后将其列入凌烟阁二十四功臣之中。魏徵称赞屈突通为"清白死不变者"。《旧唐书》有言，"或问屈突通尽忠于隋而功立于唐，事两国而名愈彰者，何也？答云，若立纯诚，遇明主，一心可事百君，宁限于两国尔！被稠桑之擒，临难无苟免；破仁杲之众，临财无苟得，君子哉"，给屈突通定下"屈突守节，求仁得仁”的赞语。《新唐书》亦认为“屈突通尽节于隋，而为唐忠臣，何哉？惟其一心，故事两君而无嫌也”。

李渊派屈突通招抚尧君素，尧君素看见屈突通，悲叹不能自禁，屈突通也流下眼泪，沾湿衣襟，于是告诉尧君素说：“我们的军队已经战败，义旗所指的地方，没有不响应的，局势是这样，你应该早一点投降。”尧君素说：“您是国家的大臣，皇上把关中委交给您，代王把社稷托付给您，怎么背叛国家，活着投降，还替人做说客呢？ 您所乘坐的马，就是代王所赏赐的，您有什么脸乘坐呢？”屈突通说：“唉！尧君素，我是力量用尽了才来的。”尧君素说：“我现在力量还没有用尽，何必多说呢！”屈突通很惭愧地退回去。

尧君素防守河东，李渊攻不下。李渊派庞玉、皇甫无逸对尧君素陈说利害，尧君素不听。李渊又赐金券，表示宽宥他的死罪。尧君素的妻子也到城下，对他说：“隋皇室已经灭亡，夫君何必自讨苦吃！”尧君素说：“君臣之义，非妇人所能知道！”开弓射去，他的妻子应箭倒地。尧君素自己也知道活不成了，但立志守死节，每次谈到国家，都悲痛抽泣。他对将士说：“我从前在藩邸侍候皇上，大义不能不死，但一定要维持隋祚于长远，若天命转移，自当断头付给诸君，听任你们拿去换取富贵。如今城池坚固，粮饷储存丰足，胜败还不知道，不可乱生他心！”尧君素性格严谨明断，精于统御士众，部下不敢反叛。经过很长时日，仓粮用尽了，人吃人；又俘获外人，稍知江都灭亡的消息。尧君素的左右薛宗、李楚客将其刺杀，将首级传送长安。

二十年后，即贞观十二年（公元638年）二月，唐太宗下诏称赞尧君素“固守忠义，克终臣节。虽桀犬吠尧，有乖倒戈之志；而疾风劲草，实表岁寒之心”，追赠尧君素为蒲州（今山西省永济市一带）刺史，查访尧君素后人子孙给予关照。

邓晓虔通　反面典型

唐高祖武德二年（公元619年）二月，割据甘肃武威一带的西凉皇帝李轨派尚书左丞邓晓赴长安觐见李渊，拒绝接受唐朝的官爵册封。李渊大怒，扣留邓晓不予放还，并发兵攻打西凉，于当年五月生擒李轨。

还被扣留在长安的邓晓听说后，丝毫没有悲痛之情，反而"舞蹈称庆"。李渊痛斥邓晓：你听说西凉亡国，不但不悲痛反而欢喜异常，唱歌跳舞以示庆祝，没有一点廉耻之心。你"不忠于李轨，肯为朕用乎"？李渊遂将邓晓废弃终身，永不录用。

裴虔通和屈突通一样，在隋炀帝杨广还是晋王时，已是亲信跟随左右。杨广即位后又让他负责贴身警卫工作。裴虔通深受杨广信任，却与宇文化及等勾结，发动政变，将杨广交给令狐行达等人，将其活活勒死。

裴虔通弑君后，归附唐朝，先任徐州总管，后调辰州（今湖南省沅陵县一带）刺史。裴虔通自认为唐朝铲除隋炀帝立下大功，而仅被任命为刺史，于是整天恨恨不平。贞观二年（公元628年）六月，唐太宗与群臣商讨，认为裴虔通弑君忘恩、大逆不道，虽时过境迁，死罪可免，但不能再当大唐的官员，治理大唐的百姓。李世民遂下诏，罢免裴虔通一切职务，将其流放到驩州（今越南荣市一带），"用明逆顺之理，以奖君臣之义"。到驩州后，裴虔通心绪难平，怨愤而死。这年七月，李世民又下诏将参与江都政变的莱州（今山东省莱州市一带）刺史牛方裕、绛州（今山西省新绛县一带）刺史薛士良、广州（今广东省广州市一带）都督府长史唐奉义以及元礼等人，全部开除出官员队伍，流放边疆。

顶住请托歪风

请托是中国古代选官用人中的一大弊端，严重扰乱官员选拔任用的正常秩序，破坏选人用人公信度，损害朝廷的威信和形象。《资治通鉴》对此有不少记载，尤其是对那些坚决顶住压力，不惜付出仕途乃至生命代价的官员大书特书。

昭帝说情　霍光拒绝

汉昭帝尚未亲政时，和辅政大臣金日磾之子金赏、金建一起读书，感情很深。金日磾去世后，金赏以长子身份继承父亲的秺侯爵位，身佩两条印绶，一条是所任奉车都尉印绶，一条是秺侯印绶。而金建只有所任驸马都尉一条印绶。昭帝找霍光商量说：金建金赏兄弟两人不可以使他们都佩带两条印绶吗？霍光回道：金赏的侯爵是继承父亲的，爵位只能让一个人继承，没法再给金建。昭帝笑着说：侯爵的封赏，不就是在朕和大将军的掌握中吗？霍光回道：高祖早就定下规矩，只有为朝廷建立功勋的人才能封侯。昭帝就不再坚持给金建封侯。

举贤达能　岂有私谢

汉宣帝地节二年（公元前 68 年），霍光去世，张安世接替霍光，成为新任首辅。张安世有次推荐某人出任重要职位，被举之人得知后，赶紧前来拜谢。这本是人之常情，谁料张安世批评此人：“举贤达能，岂有私谢邪？”为国举荐贤能，怎能有私恩？！说罢，张安世再也不和此人来往。

国舅要求　杨震推却

东汉安帝延光二年（公元123年）十月，时称“关西孔子”的杨震出任全国最高军事长官太尉。刚上任没几天，国舅耿宝向杨震推荐安帝宠宦中常侍李润的哥哥，希望杨震将其调进太尉府工作，并且说皇帝已经同意了，我只不过是传达君主的意思罢了。

东汉时期，太尉等官员拥有开府的权力，可以自行组建太尉府班子，自主征辟僚属。进入太尉府等三公府工作，是当时士人莫大的荣耀和机遇，一般历练几年后，就可以放任封疆大吏。所以李润才会有此想法，甚至要调动皇帝的力量逼杨震就范。

杨震说：“如果皇帝明确要求太尉府征调李润哥哥，按制度应该由尚书台来传旨。”耿宝听后愤愤告辞。

不久，安帝皇后阎皇后的兄长阎显也向杨震推荐亲戚到太尉府任职，杨震亦是直截了当拒绝。司空刘授听说此事后，当即征召李润哥哥和阎显亲戚到司空府工作，不到半月就提拔。由此，刘授深得内朝权宦国戚欢心，而杨震更加受到孤立排挤。

第二年，耿宝升任大将军，向安帝进谗言免去了杨震太尉职务。杨震罢官回乡，走到洛阳城西几阳亭，念想国事之艰难，怆然泪下，悲愤服毒自杀。

在东汉末年腐败的政治生态中，因坚守选官用人正道而受到排挤的不止杨震，为之付出生命代价的还有桓灵之时的范滂。

长官指示　范滂屏绝

范滂生活于东汉末年桓灵之际，曾担任督察官清诏使，查处了包括太守刺史在内的二十多名高级官员。汉桓帝延熹九年（公元166年），汝南（今河南省汝南县一带）太守宗资听闻范滂声名，请他担任负责选官用人事务的功曹，令他奖励良善，惩治奸恶。朝中以唐衡为首的宦官势力感到万分恐惧，于是设计陷害范滂。

范滂外甥李颂是个泼皮无赖，唐衡利用李颂作文章，要求宗资征辟李颂到太守府任职。汝南官民都知道范滂负责全郡人事工作，如果宗资征辟李颂，大家只会说是范滂任人唯亲。接到唐衡的推荐信，宗资当即下令功曹办理。范滂把李颂的任职文书扔在一边，坚决不签字盖章。

宗资大怒，但又不好直接向范滂发火，就拷打具体承办人文书朱零，逼他拿出功曹印章来盖。朱零仰头怒怼宗资：李颂任职一事，范功曹断然不会同意，今天我朱零宁可被打死，也不违背范滂的意愿。宗资无奈，只有作罢。

汝南郡大小官员尤其是中级以下官吏，听说范滂拒不接受唐衡请托，拒绝任用李颂为官，竟然对范滂心生怨恨。这些人也和唐衡一样，希望通过李颂攻破范滂。汝南郡官员编排顺口溜，“汝南太守范孟博，南阳宗资主画诺”，功曹范滂才是太守，宗资只不过是个橡皮图章，挑拨宗资和范滂的关系。

三年后，汉灵帝建宁二年（公元169年）十月，范滂因党锢之祸下狱。行刑之前，范滂对儿子说：“吾欲使汝为恶，恶不可为；使汝为善，则我不为恶”，我想让你作恶，但恶事不能做；我想让你行善，可我何曾做过恶事！受死之时，范滂年仅33岁。

东汉末年政治昏暗，宦官专权，这是杨震、范滂不但顶不住请托压力，反而要付出生命代价的重要原因。

王爷命令　张绪回绝

南齐武帝永明七年（公元489年），太子詹事张绪兼任扬州中正，负责选官事务。魏晋南北朝实行九品中正选官制度，州设大中正，郡设小中正，由朝廷任命中央官员担任原籍州郡中正官，负责品评本州郡人物，根据家世、品行、才能，区分出上上、上中、上下、中上、中中、中下、下上、下中、下下九个等次，作为朝廷选官用人的依据。中正官由此成为选官用人的核心枢纽，故清人王鸣盛言，“中正之权亦重矣”。

长沙王萧晃向张绪推荐吴兴（今浙江省湖州市一带）人闻人邕出任扬州议曹，负责征求汇总民意。因闻人邕的任职年限、工作经历、个人能力都不适合担任议曹，张绪予以拒绝。萧晃继续施加压力，派身边人赴扬州督办此事。张绪说：“我身为扬州中正，负责考核官员，长沙王怎能如此逼迫？”一句话将萧晃派去的人顶了回去。

萧晃无奈，只得打消此意。南朝皇权不振，尤其是在萧梁萧齐时代，从东晋而来的主弱臣强格局还未被打破，皇权对世家大族还颇为忌惮，不能轻易干涉他们对朝廷事务尤其是地方人事的处置权。

友人跑官　徐勉婉拒

梁武帝天监六年（公元507年）十月，徐勉任吏部尚书，有次和心腹门客一起吃晚饭，门客虞暠私下求任太子东宫五官掾。

魏晋时代，门客和主公不完全是上下级身份，更多是朋友关系。门客帮助主公出谋划策，相当于参谋班子。徐勉不好严词拒绝，但更不能接受虞暠请托，于是一边严肃板起脸，一边顾左右而言他："今夕止可谈风月，不可及公事。"此事传出后，"时人咸服其无私"，上上下下都称赞徐勉不徇私情，不把朝廷官爵当成人情送。

皇子要官　孔奂驳斥

陈宣帝太建六年（公元574年）十二月，孔奂任吏部尚书。当时南陈刚收复淮河以南领土，要封赏有功人员。孔奂"识鉴精敏，不受请托，事无凝滞，人皆悦服"，严格依据官员将士的功劳大小确定官位高低，不接受任何人的请托，每个人都对他心服口服。

宣帝的皇子、始兴王陈叔陵当时任湘州（今湖南省长沙市一带）刺史，屡屡向吏部等部门要求提名他为三公之一即太尉、司徒、司空。这三个职位此时虽已成为荣誉性的虚衔，但毕竟是行政系统的最高职位，所以陈叔陵必欲得之。

面对陈叔陵的要官，孔奂先是委婉相拒："三公向来是由德高望重的老臣出任，不一定非要皇亲国戚。"接着，孔奂将此事奏报宣帝。被《陈书》《南史》等评价为"有人君之量"的宣帝说：始兴王怎么突然冀望三公之位？即使要当三公，也要在鄱阳王之后。孔奂说："臣之所见，亦如圣旨。"陈叔陵的三公野望，就此止步。

孔奂能够拒绝皇子陈叔陵的要官，一是因为自身坚守选官用人原则，二是皇帝的支持。在皇权逐渐加强的南北朝后期，这点尤为重要。

宦官求相　萧华反对

上元二年（公元761年），已是兵部尚书的权宦李辅国日益骄横，想当宰相。李辅国手握兵权，执掌禁军，肃宗不好直接回绝，说:“凭卿的功劳，什么官不能做，可是你在朝廷的威望还不足。”

李辅国请托朝廷元老裴冕推荐自己任宰相位。肃宗赶紧找宰相萧华密谈，说:“李辅国想当宰相，如果元老重臣的推荐表章奏上来，朕就不能不同意了。”

萧华去找裴冕。裴冕义正词严说道:“我宁可手臂被砍断，也不会推荐他当宰相。”

李辅国对裴冕、萧华怀恨在心，他动不了裴冕，就把怒气撒在萧华身上。萧华最终被李辅国及其心腹元载贬为峡州（今湖北省宜昌市一带）司马，病死任上。尽管萧华付出了代价，但也为后来代宗解决李辅国问题争取了时间。

母亲棍棒　景让强忍

李景让是唐朝武宗、宣宗时期重臣，曾任御史大夫、节度使等。李景让在仕途上的成功，和母亲郑氏的辛勤教导分不开。郑氏早年守寡，家道中落。李景让、李景温、李景庄三兄弟没钱上学，郑氏就亲自教他们读书写字。

李景让、李景温很早就考中了进士，李景庄却一直名落孙山。李景庄落榜一次，郑氏就暴打李景让一顿，埋怨他当了高官忘了家，不去和负责科举考试的礼部侍郎打招呼。

李景让宁可被母亲毒打，也不肯去找礼部侍郎说情。他一边挨打，一边对母亲说:“朝廷取士自有公道，岂能效仿他人去走后门。”

时间久了，同僚们都知道了李家的事。这年科考，宰相吩咐礼部侍郎:“李景庄今年不能不录取了，可怜他哥哥李景让每年都挨鞭打。”

宰相吩咐　李璋怒怼

唐懿宗咸通十三年（公元 872 年）七月，驸马兼宰相韦保衡想保举其党羽裴条当郎官。唐代行政系统中，尚书省下辖吏户礼兵刑工六部，六部又各辖四司。郎官是各司郎中和员外郎的统称，位列朝廷官员序列中的上层，负责都省和六部所出台政策的执行。唐代郎官任免一般由尚书省左右丞负责，左丞任免吏部、户部、礼部辖下十二司郎官，右丞任免兵部、刑部、工部辖下十二司郎官。

韦保衡保举裴条出任吏部、户部或兵部郎官，需要打通尚书左丞李璋的关节。李璋为人方正，办事严明，韦保衡怕李璋阻止，就先派人去打招呼。李璋义正词严地说：“朝廷迁除，不应见问”，选官用人是朝廷大事，一切都要依据选拔制度，这种事你不该来问我。”几天后，韦保衡上奏皇帝将李璋赶出朝廷，下放为宣歙（今安徽省宣城市一带）观察使。

论资排辈的历史由来

中国古代官僚体制向来是选人多、官缺少。有限的官缺与大量候选人之间的矛盾，始终是中国古代选官用人的主要矛盾之一。设计一种让最大多数候选人都能感受到公平正义的选拔机制，是中国古代选官制度需破解的难题。从北魏到唐朝，选官部门无不为此殚精竭虑。停年格、长名榜、循资格，是这一破题过程中的三个重要创造。

权立此格　限以停年

从《资治通鉴》记载看，北魏是较早系统探索破解人多官少矛盾的朝代，起因是选官制度改革导致了首都洛阳的军事暴动。

北魏孝明帝神龟二年（公元519年）正月，征西将军张彝的儿子张仲瑀奏请隔断武官转为文官的途径，“排抑武人，不使豫清品”，通过减少候选人的数量，调节选人与官缺之间的矛盾。此议一出，军队哗然，到处都是反对改革和辱骂张氏父子的声音。甚至有人秘密串联，张贴公告，号召军人们在指定日期集合，诛灭张家满门。张彝父子虽收到消息，但没有做任何防备。

二月二十日，洛阳一千多御林军发起暴动，先是到国务机构尚书省请愿，辱骂尚书省官员，要求交出张仲瑀的哥哥张仲均。

没有得到回应，暴动军人直扑张家而去，攻开张家大门，烧死躲在家中的张仲均，暴打张彝、张仲瑀，张彝受重伤第二天死去，张仲瑀挣扎逃脱。执掌北魏实权的胡太后出动禁卫军镇压暴动，但只将为首的八人处死，其余不敢严惩。二十五日，北魏发布大赦法令，安抚军心，宣布停止选官用人制度改革，武官仍可按照资历转任文官。此诏一出，有识之士都“知魏之将乱矣”。

神龟二年选官制度改革失败，武官继续转任文官，进一步加剧了官少人多的矛盾。时任吏部尚书李韶还延续之前的选官方式，很多人的仕途被终止在越来越低的天花板下，引起一波又一波的反对浪潮。李韶被迫下台，崔亮接任吏部尚书。

崔亮上任后，奏请建立“停年格”选人制度。“停”是积聚的意思，“年”指任职或候补时间，“格”是标准的意思。停年格是一种按资排辈的制度，即把所有候选官员的履历进行排比，“不问士之贤愚”，只以任职或候补时间长短作为选拔依据，时间长的提拔升迁，时间短的继续等待。这项改革方案推出后，“沉滞者皆称其能”。

朝中远见卓识之人却对此忧心忡忡，吏部郎中辛雄指出，“专以停年为选，士无善恶，岁久先叙；职无剧易，名到授官，执案之吏，以差次日月为功能；铨衡之人，以简用老旧为平直……自此，夷夏之民，相将为乱”。

崔亮的外甥，时任监察机构司空府咨议的刘景安写信给舅舅，对停年格提出批评。他在信中言道：

商周由乡村学校向政府推荐人才，汉朝实行察举制度，三国魏晋设立九品中正制，虽然这些制度利弊共存，不能尽善尽美，但选拔出的十个人，至少也有六七个合格。现在朝廷的选官制度弊端丛生，选拔人才只看文采，不看文章中的道理是否合乎时宜；选拔孝廉只测试背诵经书是否熟练，不深入考察是否真正掌握书中的道理；各地负责推荐人才的中正官不考察候选人才能品行，只看他们是否出身高门大族。出现这些弊端的主要原因是人才选拔渠道太窄，范围过小，不能有效挑选贤能，淘汰庸劣。舅舅你身为吏部尚书，手握用人大权，应该在消除这些弊端上下功夫，怎么却去推行“停年格”改革，用排队制度决定是否升迁。这样一来，全凭熬年头，天下的士子谁还去砥砺道德品行，提高能力呢？

崔亮给外甥回信言道：

现在的政治形势和商周秦汉魏晋时代相比，已经发生了深刻变化，选官制度也必须根据时代变化进行相应改革。两汉魏晋之时，吏部选官权分散，地方各级政府长官和吏部尚书按照事权划分不同，共同掌管选官权。而随着朝廷收回各级政府的用人权，吏部事务骤增，仅靠吏部尚书一个人，如何识遍天下候选人？崔亮还引用大臣刘毅的言论：一个吏部尚书加两个副手，怎么能处理过来天下官员的选授事务。我是反对武官转任文官的，曾经上书请示胡太后，给足这些武官爵位身份和俸禄待遇，不要让他们去当实职文官。但太后不同意我的建议。迫于无奈不得已提出“停年格”之法。希望后来人能明白我的良苦用心。

随着从武官转任文官的人越来越多，官缺更不敷用。崔亮苦闷地告诉外甥，他的是非功过，千秋功罪，就让后人去评价吧。

洛阳县令薛琡也上疏对停年格提出异议，他指出：黎元之命，系于长吏，百姓的安危祸福，都掌握在当地父母官手中，官员的选任必须慎之又慎。若是选官部门只根据资历，不管贤能与否，把候选人像大雁一样排成一行，又像用绳索串起一条条鱼那样，按照排列顺序依次使用，一个小吏就能承担起所有工作，还用单独设置吏部去掌管选官事务吗？

薛琡专门就此事觐见胡太后，当面再次提出废止停年格问题，请太后下令让公卿大臣举荐贤能之人出任郡守县令。胡太后令公卿大臣集议，不了了之。后来甄琛等人相继接替崔亮出任吏部尚书，认为崔亮的停年格易于操作，方法得当，继续推行沿用。

《资治通鉴》载，“魏之选举失人，自（崔）亮始也”。王夫之在《读通鉴论》中却对崔亮实施停年格时的特殊困境，表示深度同情之理解。他认为，吏部只要根据既定法令章程选人，而不是以个人好恶专断，就可以褒奖恬淡清正者，贬斥急切躁进者，从而维持选官用人正常秩序；按资历选官，只是用来选拔一般性的官员，优秀人才自有其他途径脱颖而出。他进一步阐述北魏

停年之格，虽曰不拣，然必历年无过而后可以年计，亦未为大失也。国家有用人之典，有察吏之典，不可兼任于一人明矣。吏部司进者也，防其陵躐而已。竞躁者不先，濡滞者不后，铨选之公，能守此足矣。以冢宰一人而欲知四海之贤不肖，虽周公之圣弗能也。……以一人之耳目，受天下之贤愚，错乱遗忘，明者弗免，偶然一誉，偶然一毁，谨识之而他又荧之，将何据哉？……故吏部唯操成

实行停年格时面临的形势已与《周官》中选官理想状态发生了重大变化。远古时期，国家面积不过千里，所以方便考察官吏政绩，容易知晓其品德操行。大一统中央集权国家建立后，郡县林立，官员众多，吏部数人面对九州方圆数万官员的升迁进退，定然有心无力。只要秉持公正，对以资历为主要标准的选官用人过程进行监督监察，对凭资历任官的选人政绩进行追踪考察，及时将不合格者替换，吏部便可据此用人。

法以奖恬抑躁，而不任喜怒以专己行私，则公道行而士气静，守此焉足矣。……或曰:《周官》黜陟，专任冢宰，非与？曰：此泥古而不审以其时者也。周之冢宰，所治者王畿千里，俭于今之一省会也，其政绩易考，其品行易知，岂所论于郡县之天下，一吏部而进退九州盈万之官乎？停年以除吏，非一除而不可复退也，有纠察者随其后也。责吏部者，以公而已矣，明非所可责也。

——《读通鉴论》

选人益多　长名驳放

唐高宗总章二年（公元669年）时，唐朝开国已半个多世纪。天下太平五十年，“时承平既久，选人益多”，职数与选人之间的矛盾在唐朝也突出起来。有了北魏崔亮停年格的历史经验，唐朝应对这种矛盾已颇有章法。

这年，时任吏部侍郎裴行俭和员外郎张仁祎共同创设长名榜，将所有候选人的考核成绩和等级以张榜的形式公开发布，并注明排名的参考依据。同时将天下州县分为八等，确定不同政治等级和行政级别。同样是州县，但政治地位不同，官员的行政级别自然有高下之分；朝廷中央机关的行政级别早已确定，不需要再行划分等级。遇有官缺，根据考核成绩顺序依次授任。同时严格选人资格的审查，以达到在选官之前，就将一些考核成绩较差的候选人黜落的目的。而官员考核成绩的主要标准是“官资”，即以任职年月和候选时间为主要参考依据的资格资历。

裴行俭设立长名榜，明显参考了当年崔亮的停年格，并有所发展，即拉开州县档次，天下州县不再属于统一序列，从低级州县调任中级州县进而获任高级州县亦是升迁。这样就在官员晋级提拔过程中设置了更多的阶梯，在拉长官员晋级年限的同时，又让其感觉每一步调动都是向前挪动一小步，部分调动了官员的干事积极性。长名榜设立后，成为唐代官员升迁的基本规范。

裴行俭在唐朝选官用人史上，以有“知人之鉴”而著称于世。裴行俭任吏部侍郎时，独具慧眼发现进士王勮和苏味道，当时二人均不为人所知。裴行俭却认为他们有远大前程，以后必定会相继任职吏部，掌握全国的用人权。果然，王勮和苏味道都做到了吏部侍郎，苏味道甚至还两度拜相。

王勮的弟弟就是初唐著名诗人王勃，当年王勃与杨炯、卢照邻、骆宾王都以文章闻名于世，并称“初唐四杰”。裴行俭的同僚，另一名吏部侍郎李敬玄对他们尤其看重，认为将来一定会高官任做、骏马任骑。

裴行俭却不以为然，认为“士之致远，当先器识而后才艺”，“勃等虽有文华，而浮躁浅露，岂享爵禄之器邪”？“杨子稍沉静，应至令长，余得令终幸矣”。读书人要想成就大事，首先靠的是开阔的胸襟和深刻的洞察力，然后才是文章才华。王勃、卢照邻、骆宾王虽然文章写得不错，但性格急躁冒进，举止轻浮浅薄，怎能官至公卿？四人中，杨炯还算踏实稳重，以后可能会当个大县县令，王勃他们三人能够善终就不错了。诚如所言，王勃在官场上一直不顺，后来出海时落水而死；卢照邻体弱多病，受不了疾病折磨，投水自尽；骆宾王跟随徐敬业一同起兵反对武则天被诛杀；只有杨炯做到盈川（今浙江省衢州市一带）县令，并在任上善终。

针对裴行俭对王勃等人的评价，清代史学家王鸣盛有不同观点，他认为“世以行俭为知人，予谓非也。勃慕诸葛武侯之功，读《易》作发挥数篇，其学行卓然如此。照邻隐居具茨山下，自以为高宗尚吏，己独儒；武后尚法，己独黄老；后封嵩山，屡聘贤士，己独废，著《五悲》以自明其意气，不肯诡随徇俗可知。至炯坐从父兄神让与徐敬业起兵，谪梓州司法参军。宾王则与敬业共举义旗，所为檄文至今读之犹凛凛有生气。初唐文士如苏味道之模棱，李峤之赋《金枢诗》颂周功德，杜审言、沈佺期、宋之问皆张易之、武三思家鹰犬耳，虽享爵禄，固不足道。四杰风概迥出辈流，何得以浮躁斥之？且论人而徒以其不能安享爵禄为言，可鄙甚矣。”王鸣盛肯定王勃的卓然学识、卢照邻的人格、杨炯的风骨、骆宾王的豪气，批评裴行俭以官位高低大小作为评价人才的标准。

当代学者刘后滨在《从〈资治通鉴〉看历史如何资治》一文中认为，裴行俭评价“初唐四杰”是“一个在裴行俭去世后就在唐代流传甚广的虚构故事，史籍中记载甚多”，司马光只是借裴行俭之口表达其“知人论世”的结论和主张。在《如何看待司马光贬斥“初唐四杰”》一文中，刘后滨深刻指出，“司马光贬斥四杰，将‘浮躁浅露’之讥置于裴行俭之口是一种史实错误（沿袭唐人之成说），但是指出四杰‘浮躁浅露’，却是在反省历史的过程中得出的，符合司马光人生观及其所处时代精神的历史分析。司马光自号‘迂夫’，晚号‘迂叟’，追求收功远大，贬斥急功近利。北宋士大夫普遍克服了‘浮薄’习气，追求做人的‘器识'"，"司马光贬斥初唐四杰，放在其所处的北宋时代，具有某种史学意义上的真实性。浮躁浅露的文人，在仕途上无疑难以走远"。刘后滨认为，我们今天评价"初唐四杰"，不必完全受司马光看法的局限，"四杰生活的唐朝前期，是一个人人都有梦的时代。四杰的出身资格和行政能力，也许都不足以支撑其走上高位，但这并不影响他们喊出时代的最强音。无论是王勃的'海内存知己，天涯若比邻'，杨炯的'宁为百夫长，胜作一书生'，卢照邻的'寂寂寥寥扬子居，年年岁岁一床书'，还是骆宾王的'不求生入塞，唯当死报君'，这些代表了时代精神的诗句，出自命运蹉跎、官场坎坷的诗人笔下，不正说明那个时代整体上还给人以广阔的上升空间吗？年轻的诗人们即使在失意的人生旅途中，依然豪气冲天、壮志凌云，又怎能用一句'浮躁浅露'来盖棺论定呢？"

裴行俭点评"唐初四杰"的故事虽是虚构，但裴行俭品鉴人才的能力却是真实的。裴行俭在唐朝历史上主要身份是名将，选官用人只是他的副业。任将帅之时，他提拔的程务挺、张虔勖、王方翼、刘敬同、李多祚、黑齿常之等人，都成为唐军著名将领。王勮、苏味道的人生走向，都如裴行俭所预料，可见其阅人之深。明末清初史学家彭孙贻在《茗香堂史论》中评价裴行俭，"知人善行，雅量藻鉴，凡所赏技皆为名将"。清朝中期史学家、乾隆朝重臣朱轼在《史传三编》中认为裴行俭"才兼文武，有人伦之鉴，其器量亦不可及"。

裴行俭以长名榜方式选官用人，其出发点和良苦用心与当年崔亮创立停年格异曲同工，即缓解官缺有限与人选众多的矛盾，实属不得已而为之。但是，长名榜创设后的很长一段时间内，并没有得到有效执行。这一时期的唐王朝，还处于朝气蓬勃向上发展状态。随着国家管理事务的日益多元复杂，朝廷不断增设政府机构处理新生事务；随着对外战争的胜利，唐朝疆域持续扩大拓展，朝廷在新征服的国土上也设置州县等地方机构。官员职数不断增加，官缺与选人之间的矛盾虽在发展，但也不时得到缓解，以致过了七十多年，长名榜才在裴行俭的儿子裴光庭手上得到进一步的改革。

循资用人　限年蹑级

唐玄宗开元十八年（公元 730 年）四月，唐玄宗任命门下省侍中裴光庭兼任吏部尚书。在这之前，吏部选官用人，只根据候选人的才干能力。有人破格提拔快速升迁；有人却只能在低级岗位徘徊；有的已经获得任官资格却苦苦等候排队二十余年也得不到官职；州县之间虽已划分等级，但在选授官员时却不依照等级进行，有的从高级别的大州大县调到中低级别的小州小县，有的从靠近京城的高级别近州近县调到中低级别远州远县，官员选任毫无章法，极不公平。

裴光庭决定改变这种状况，上任伊始即推行循资格改革。不管候选人的能力高低，只要符合一定的任职年限便可提升；倘若任职年限未到，轻易不得跨越台阶破格提拔。从

> 先是，选司注官，惟视其人之能否，或不次超迁，或老于下位，有出身二十余年不得禄者；又，州县亦无等级，或自大入小，或初久后远，皆无定制。光庭始奏用循资格，各以罢官若干选而集，官高者选少，卑者选多，无问能否，选满即注，限年蹑级，毋得逾越，非负谴者，皆有升无降；其庸愚沉滞者皆喜，谓之“圣书”，而才俊之士无不怨叹。宋璟争之不能得。
>
> ——《资治通鉴》卷二百一十三

此之后，只要未出现重大失误或者贪污腐化，都会有升无降。那些能力较差而长期被压制的官员纷纷称改革方案为“圣书”。而品行能力俱优的官员，则无不叹息怨愤。开元名相宋璟坚决反对循资格，但玄宗不听，改革全面推行。

循资格和其前身长名榜实质相同，即都是以资历作为选官依据。主持改革的裴光庭受到很大非议。三年后，开元二十一年（公元 733 年）三月，裴光庭去世。在讨论其谥号时，大臣孙琬提出“光庭用循资格，失劝奖之道，请谥曰克”，裴光庭推行循资格，任用官员只看资历不问才干，不能对官员队伍起到激励作用，应给其定谥号“克”。在中国古代谥号体系中，“克”字评价非常一般。后经裴光庭之子的竭力争取，唐玄宗改其谥号为“忠献”，说明玄宗对裴光庭总体是认可的。

此事之后，玄宗和朝廷部分官员意识到了循资格对官员队伍的负面抑制作用，着手进行调整。玄宗下诏，“自今选人有才业操行，委吏部临时擢用”，选人中有道德纯良能力突出之人，吏部可以破格提拔，不受循资格限制。但“有司以循资格便于己，犹踵行之”，选官部门认为一切按照年资选人简便易行，仍旧按照循资格的方式选官。

停年格和后来的长名榜、循资格，严格依照资历选人用人，在很大程度上背离了任人唯贤的选官用人基本原则。顾炎武在《日知录》中批评道，“民之困于虐政暴吏者，资格之人众也。夫资格之法起于后魏崔亮，而复行之于唐之裴光庭，是二子者，其当世固已罪之，不待后人之讥矣”。梁启超在《论中国积弱由于防弊》一文中亦认为“古者任官，各举其所知，内不避亲，外不避仇。汉、魏之间，尚存此意，故左雄在尚书，而天下号得人；毛玠、崔琰为东曹掾，而士皆砥砺名节。后世虑选人之请托，铨部之徇私也，于是崔亮、裴光庭定为年劳资格之法……防之诚密矣，然而奇才不能进，庸才不能退，则考绩废也；不为人择地，不为地择人，则吏治隳也”。

崔亮停年格的创立，裴行俭裴光庭父子长名榜、循资格的接踵而行，仍须放在魏晋南北朝至隋唐时期选官制度发展演变的大背景下去考察和评价。无论是两汉时期的察举制，还是魏晋南北朝时期的九品中正制，它们的一个共同发展倾向就是越来越注重门第和家世，世家大族逐渐掌控了用人权，甚至有垄断政权的危险。在这种政治格局中，能够在千千万万候选人中脱颖而出、得到破格提拔的，往往是世家子弟。寒门子弟年届六十花甲仍然在九品县尉上苦等垂青的现象并不罕见。在这种情况下，停年格、长名榜、循资格把以任职年限、候选时间为主要内容的“资格”，作为官员晋级提拔的主要甚至是唯一标准，避免了选官用人的混乱，给普通寒门子弟提供了一条相对较为公平的升迁之路，在很大程度上避免了私门请托、阿谀奔竞等行为。这一演变即使不能认为是进步，也不能完全斥之为倒退。资历在某种程度上意味着知识和经验的积累，而且就当时的历史背景而言，“资格”尤其是“年资”相对于门第更为开放，毕竟年资人人可熬，而门第只局限在少数人中间。“资格”和“年资”取代门第、家世，对当时的大多数人来说是一种公平。

吏部选官的历史争辩

隋朝建立后，对秦汉至魏晋南北朝以来的用人制度进行了改革，逐步收回地方用人权，规定各级官府中九品以上的官员不再由地方长官自主选用，全部由中央吏部统一任命。隋朝集中用人权的举措，无疑使中央集权达到一个新的高度，但也带来了中央部门选官事务骤增，吏部有限的人员如何在宦海之中把贤能之人选拔出来，吏部的职掌范围多大为宜，成为历史不断争辩的议题。

事务暴增　牛弘困惑

隋炀帝大业三年（公元 607 年）四月左右，吏部尚书牛弘问经学家刘炫："魏、齐之时，令史从容而已，今则不遑宁处，何故？"北魏和北周北齐时候，吏部官员都很从容，如今忙得毫无闲暇之时，这到底是什么原因呢？

刘炫回道：以前朝廷只任命州刺史和州府的长史、司马等高级官员；到了郡县这一级，更只是负责郡太守、郡丞和县令的选任。一个州里的官员，中央只负责任命其中的数十人而已，其他的僚佐下属，则由刺史、太守、县令自行招募选任，朝廷对他们充分放权。如今形势发生了变化，大大小小的官员任命权全部收归朝廷。细微小事都要向朝廷汇报，列入政绩考核系统。事情增加了几倍，人员还是那么多，怎么能有空闲之时？与其合并机构裁减官员，不如减少管理事项。管理的事务不减少却希望从容自在，怎么可能！

> 往者州唯置纲纪，郡置守、丞，县置令而已。其余佐僚则长官自辟，受诏赴任，每州不过数十。今则不然，大小之官，悉由吏部，纤介之迹，皆属考功。省官不如省事，官事不省而望从容，其可得乎！
>
> ——《资治通鉴》卷一百八十

牛弘和刘炫的对话，道出了吏部的无奈。吏部数十人面对全国数万官员的选授任务已是有心无力。至唐高宗时期，吏部的压力之大，使得吏部侍郎主动提出了下放用人权的改革建议。

玄同建言　回归周汉

大致在唐高宗永淳年间，吏部侍郎魏玄同上了一道奏疏，批评选官的弊端。

君主治国理政的基本原则就是委任责成。如果委任的官员德才兼备，那他们选用的人自然也不会差。所以，周穆王任命伯冏为太仆正时说："小心选择你的僚属。"这是要求各有司官吏寻找小吏为僚属，而天子任命地位较高官吏。汉朝的选官制度则是由下向上举荐，人才先在州府县府进行历练，然后由州县长官推荐给朝廷。从魏晋时期开始，选官权力逐步集中到吏部。天下之大，人才之多，把选拔大权委托给几个人，用几句简单评语去衡量一个人的才干；靠履历表去评估一个人的德行，就算主持选官的人公正如杆秤，清明如水镜，面对这么多的候选人，也会感觉力不从心。如果所托非人，那营私舞弊、徇私枉法之事就会接连发生。希望能大略仿照周、汉规章，以挽救魏晋选人的缺失。

王夫之在《读通鉴论》中，批评魏玄同“欲复周、汉之法，命内自三公省寺，外而府州，各辟召僚属，而不专任铨除于吏部，其言辩矣，实则不可行也”，“一代之治，各因其时，建一代之规模以相扶而成治，故三王相袭，小有损益，而大略皆同。未有慕古人一事之当，独举一事，杂古于今之中，足以成章者也”。

高宗并未采纳魏玄同建议，选官用人权限继续由吏部统一掌控。百年后的唐德宗初年，沈既济再次提出这个问题。

既济改革　长官组阁

唐德宗李适即位后，颇有一番刷新政治的气象。大臣、史学家沈既济抓住时机，奏陈当前选人弊端，总结历史上选人经验教训，提出了一套系统的选官用人制度改革方案。

选官用人的标准，本质上就是品德、才干、功劳三个方面。可惜如今的选官制度，在这三个方面都出现了重大失误。选人时，只看他的字写得是否漂亮，公文写得是否通畅，说话是否口若悬河滔滔不绝，工作履历是否完备，一举一动是否符合礼法。行动稳重，说话徐缓，并非一定品德优良；辞

选用之法，三科而已：曰德也，才也，劳也。今选曹皆不及焉；考校之法，皆在书判、簿历、言词、俯仰而已。夫安行徐言，非德也；丽藻芳翰，非才也；累资积考，非劳也。执此以求天下之士，固未尽矣。今人未土著，不可本于乡闾；鉴不独明，不可专于吏部。臣谨详酌古今，谓五品以上及群司长官，宜令宰臣进叙，吏部、兵部得参议焉。其六品以下或僚

藻优美、文笔秀丽，并不意味着实际行政能力强；资历深，并不代表有功劳。据此选拔天下英才，显然是不够的。当今时代，已经失去了重新实施两汉察举制度的社会基础。现在社会人才流动，远离家乡，在居住的地方又不一定有户籍档案。连家乡的亲朋好友都不能完整了解他的为人，怎么能要求吏部对其情况全面掌握？对于人才的考察没有专一的识人之法，又怎么能由吏部专操其事？臣全面总结历史上选官用人制度的经验教训，提出如下改革方案：五品以上和朝廷各部中层官员，应由宰相推荐，吏部和兵部分别提出用人意见；六品以下的官员和州县僚佐，可以让部门长官和州刺史县令

佐之属，许州、府辟用，其牧守、将帅或选用非公，则吏部、兵部得察而举之。罪其私冒不慎举者，小加谴黜，大正刑典。责成授任，谁敢不勉！夫如是，则贤者不奖而自进，不肖者不抑而自退，众才咸得而官无不治矣。今选法皆择才于吏部，试职于州郡，若才职不称，紊乱无任？责于刺史，则曰命官出于吏曹，不敢废也；责于侍郎，则曰量书判、资考而授之，不保其往也；责于令史，则曰按由历、出入而行之，不知其他也。黎庶徒弊，谁任其咎！若牧守自用，则罪将焉逃！必州郡之滥，独换一刺史则革矣。如吏部之滥，虽更其侍郎无益也。盖人物浩浩，不可得而知，法使之然，非主司之过。今诸道节度、都团练、观察、租庸等使，自判官、副将以下，皆使自择，纵其间或有情故，大

自主选用。如果州县长官和军队将帅任人唯亲、选人不公，则吏部和兵部可予以整顿纠正，并追究用人者的责任。轻者罢官夺职，重者判刑正法。根据职责进行考核谁敢不勉励？如此一来，那些贤能之人不用奖励，就会自动前来；那些无能之辈不用压制，就会自行而去。群贤毕至，还有什么干不成的事业？现在地方州县的官员都是由吏部选拔然后下派，如果才职不相称，严责刺史，刺史会说这些人都是吏部选派，我怎敢不用；若去追究吏部侍郎的责任，他们会说是根据被任命官员以前的政绩资历进行选拔的，但不能保证日后如何；去指责管理官员档案的小吏，小吏会说在制作官员档案的时候是完全合乎程序，完全按照规章条文办事，其他一概不知。黎民百姓白白承受选人不当的代价，由谁承担责任呢？如果官员是由州县长官自主选用，那责任就很明确。州县官员选人不当，把刺史免掉就可以革除弊害。吏部选人不当，那把吏部侍郎免掉也无济于事。毕竟候选人太多，吏部怎么能有精力一个个去考察。这是制度的弊端，不是负责人的过错。平叛安史之乱过程中朝廷在各地设置的大量节度使、观察使、团练使都被保留了下来，朝廷为解决财政问题，设置了租庸使等财经机构官员。这些部门长官都拥有自主征辟僚属的权力，事实

举其例，十犹七全。则辟吏之法，已试于今，但未及于州县耳。利害之理，较然可观。向令诸使僚佐尽受于选曹，则安能镇方隅之重，理财赋之殷乎！

——《资治通鉴》卷二百二十六

> 上已经开始试行长官自择僚属的用人改革，就算其间存在任人唯亲和用人不当的情况，但大体来说选拔出来的十个人中，至少有七八个是称职的。长官自行征辟属员的方式如今已经试行，只是还未遍于州县罢了。孰利孰害，其中的道理显而易见。如果节度使、观察使、团练使、租庸使这些机构的官员是由吏部统一选派的话，怎么能肩负起镇守一方的重任，处理征收财赋的繁杂工作？

沈既济的奏疏递上去后，《资治通鉴》没有记载德宗的态度。但从唐代选官制度发展的历史轨迹来看，沈既济的建议显然没有被采纳。王夫之在《读通鉴论》中直言驳斥沈既济，“倡为邪说，以破一王之法制，意者其为藩镇之内援，以禁天子不得有一士之用乎？不然，何大纲已失，必取其细目而裂之也？”意思是沈既济的言论是歪理邪说，破坏中央选人的统一法制，难道是为藩镇做内援，让天子得不到一个可用之人？唐朝中后期朝廷一直以削藩为意，而削藩的重要内容，就是继续收回节度使等地方藩镇的用人权。

从隋朝的牛弘、刘炫到唐朝的魏玄同、沈既济，前后跨越170多年的两朝四人，面对吏部统一掌控全国大小官员用人权的大一统局面，体会到了同样的困惑和压力，提出了相似的解决方案。但他们的建议无一例外，都没能被决策层吸取采纳。相对于吏部选官用人质效不足，中央最高决策层更看重的是借助收回用人权提振朝纲，巩固中央威信，震慑地方，提升整体治理效力。从历史的发展进程看，吏部统一掌控用人权的改革大方向未曾改变，所需要的只是局部微调和配套措施的完善。

集中选权　荐举配套

“大小之官，悉由吏部”带来的一个副作用是吏部有心却无力应对大量选官事务，只能无奈地限年晋级，根据资格资历、年月时限来决定官员的提拔次序。循资格遂成为吏部统一掌握用人权制度改革过程中不愿意出现却又离不开，而不得不严重依赖的制度配套。

将地方州郡僚佐等官员收归中央任用，是中央集权的内在要求和大势所趋。但用人本身是一种较为灵活的行政操作。既要集中选权，又要使选官具有一定的灵活性，给优秀人才创造不次升迁的空间，这在“大小之官，悉由吏部”的制度范围内是无解的。

相对于将选权全部集中到吏部所导致的贤愚同滞，察举制度中不拘资历破格用人的荐举形式，又显示出了其特有的灵活性。唐代对隋代集中选权弊端的破解，正是从汉代察举中得到启示。唐代官员对本朝选官制度的批评，也多是以对汉代察举的向往为参照。察举虽不利于中央集权，但较为灵活。隋代集中用人权有利于加强中央集权，却失之僵化。唐代一方面继承了隋代由吏部集中选权的制度举措，利用吏部统一选官来加强中央集权，同时又将五品以上和部分六品尚书及以下官职从吏部选官权限中分离，由具有举荐资格的大臣进行推荐，然后予以任命，即由“宰司进拟”。

唐朝在吏部铨选集中选权之外，以荐举来保证选官用人的灵活性，并随着时间的推移和政局的发展，进一步将荐举制度化，以举人自代（即官员在上任之时，以举贤让能的方式，推荐三人担任自己所任职务，以示谦让，朝廷将此三人纳入官员后备库，遇有官缺优先选用）、冬荐制（即在每年冬天，由节度使向朝廷推荐属官，朝廷对其进行考核后予以迁转，转入受中央管理的选官体系）、县令举（即将县令的选授部分从吏部分离出来，由五品以上的官员进行推荐）、部门长官举荐僚属（即部分中央部门的中级官员，如尚书省郎官、御史台御史、大理寺法官等，可以由所在部门长官即尚书左丞、尚书右丞、御史大夫、御史中丞、大理卿和宰相等其他重臣举荐，不走吏部选官途径）等荐举制度与吏部铨选互相配合，互相调节。最终既加强了中央集权，又部分消弭了集中选权可能导致的因循僵化，形成选权的集中与用人的灵活均得其宜的选官格局。

相对于隋代“海内一命，悉归吏曹”的矫枉过正，无论是在和衷调节各种选官方式利弊，还是在调和选权的集中与分散，唐代均比隋代务实灵活。我们经常说盛唐气象兼容并蓄，气度恢宏，对前代选官制度的吸收调和，便是这种海纳百川、开阔绵远的盛唐气度的一部分。

结语　举之以众　取之以公

大历十四年（公元779年）闰五月，唐德宗李适即位，励精图治，任命崔祐甫为宰相。清乾隆帝认为德宗“即位之初，用崔祐甫为相，而天下清宁，屡有善政”。

崔祐甫任相时，唐朝逐渐从安史之乱中恢复过来，整顿选官用人工作是当务之急。肃宗时期，为鼓励士气平定安史之乱，大肆封官晋爵，官爵泛滥，选官工作混乱不堪。德宗父皇代宗即位后，宰相元载、王缙把选官用人权当成了摇钱树，大肆买官卖官。

常衮出任宰相，“思革其弊，杜绝侥幸”，着手纠正元载时期的选官用人不正之风，一切严格按照选官制度和用人规矩选人，但却矫枉过正，对各地各部门推荐保举的官员，不做任何考察一律不用，贤能之士和愚劣之人一同被压制。苏轼曾叹息道，“常衮当国，虽尽公守法，而贤愚同滞，天下讥之”。

崔祐甫取代常衮后，全面否定了常衮时期的做法，放开手脚用人，快速选拔官员，不到二百天的时间里，就任命将近八百个中高级干部，其中大部分是朋友推荐或是自己熟悉的身边人。

德宗听到一些议论后，问崔祐甫：“有人诽谤你，说你用的人大部分都是亲朋故旧，为何？”崔祐甫回道：“臣为陛下选官，不敢不慎重。我如果对某人不熟悉，怎能知道他的能力大小、品德好坏，明白他适合做什么，不适合做什么？”

《旧唐书》对此评价，“昔赵文子荐士七十，古为美谈；崔祐甫除吏八百，人无间言。开物成务之才，灭私徇公之道可知也”，苏轼亦言，“不及一年，除吏八百，多其亲旧，号称得人”。

司马光却不认同崔祐甫的做法，提出了“举之以众，取之以公”的用人之道。他言道：

我听说，用人没有亲疏、新旧之别，只考察贤能与否。有的人未必贤能，却因为亲朋故旧的关系被录用，这固然是不公道的；有的人很贤能，因为亲朋故旧的关系被舍弃，这也是不公道的。天下的贤人，固然不是一个人所能看遍的，如果一定等待熟知他的才干德行再录用，那么所遗漏的贤人也就很多了。古代的宰相就不是这样。他以公众的口碑来推举，以公正的标准来录用。公众说这

臣闻用人者，无亲疏、新故之殊，惟贤、不肖之为察。其人未必贤也，以亲故而取之，固非公也；苟贤矣，以亲故而舍之，亦非公也。夫天下之贤，固非一人所能尽也，若必待素识熟其才行而用之，所遗亦多矣。古之为相者则不然，举之以众，取之以公。众曰贤矣，己虽不知其详，姑用之，待其无功，然后退之，有功则进之；所举得其人则赏之，非其人则罚之。进退赏罚，皆众人所共然也，己不置豪发之私于其间。苟推是心以行

之，又何遗贤旷官之足病哉！

——《资治通鉴》卷二百二十五

是贤人，自己虽然不了解详细情况，但姑且先试用着，等到他没有功绩再将他辞退，有功绩就提拔他。被推举的是贤人就奖赏举荐者，不是贤人就惩罚举荐者。升降、赏罚，都是大家所公认的，自己在中间没有丝毫的私心。如果以这样的用心来选官，又怎么会有遗漏贤人和官不称职的问题呢？

司马光的“举之以众，取之以公”，在很大程度上只是一种理念。如何把这种用人理念转化为具体制度，并使这种制度既能排除人情干扰，又体现用人艺术；既严守必要规矩纪律约束，又不受繁杂规则资历束缚；既能保证用人公平，又可提高选人效率，则是千年前的司马光所处的时代无法做到的，也是当代需要不断探索破解的课题。

后　记

读硕读博时，所写文章大都为科研论文，以弄清历史真相、理清历史线索为主旨。虽较为清苦单纯，但也通过学术训练掌握了基本的史学研究方法，至少修得了“上穷碧落下黄泉，动手动脚找材料”“一分材料说一分话”的为学修养。工作后不再有科研压力，读书写作时在复原史料、弄清史实之外，又多了一份现实关怀和问题意识。借历史之酒杯，浇灌现实之块垒，从过往之演变，提炼当世之借鉴，成为下意识的追求。

如此再读《资治通鉴》，便有了与以往不一样的感悟。2018年夏与党建读物出版社编辑闲谈，提及近年来反复研读《资治通鉴》之感悟。思想火花碰撞之际，在编辑的鼓励下，遂有将阅读《资治通鉴》心得体味倾诉于墨、著述成书之念。

全书初稿有25万字左右，内容稍显庞杂，后在党建读物出版社编辑的建议下，进行三次大规模删改增补。他们提出了许多中肯而具体的修改意见，让全书主题更加鲜明，内容更加凝练，阅读体验亦更为畅快，在此表示衷心感谢。

书中难免有不妥之处，敬请读者批评指正。

作　者

2021年2月

图书在版编目（CIP）数据

选贤：《资治通鉴》中的用人得失 / 吴鹏著 . — 北京：党建读物出版社，2021.4（2021.11重印）

ISBN 978-7-5099-1370-3

Ⅰ. ①选… Ⅱ. ①吴… Ⅲ. ①中国历史—古代史—研究②《资治通鉴》—研究③人才管理学 Ⅳ. ① K204.3 ② C962

中国版本图书馆 CIP 数据核字（2021）第 035389 号

选贤
XUANXIAN
《资治通鉴》中的用人得失
吴鹏 著

责任编辑：郝英明
责任校对：张学民
封面设计：林胜利
出版发行：党建读物出版社
地　　址：北京市西城区西长安街 80 号东楼（邮编：100815）
网　　址：http://www.djcb71.com
电　　话：010－58589989 / 9947
经　　销：新华书店
印　　刷：北京盛通印刷股份有限公司
2021 年 4 月第 1 版　2021 年 11 月第 2 次印刷
787 毫米 ×1092 毫米　16 开本　14 印张　158 千字
ISBN 978-7-5099-1370-3　定价：38.00 元
